2015
中国粮食发展报告

CHINA GRAIN DEVELOPMENT REPORT 2015

国家粮食局　主编

中国社会出版社
国家一级出版社 · 全国百佳图书出版单位

图书在版编目（CIP）数据

2015 中国粮食发展报告/国家粮食局主编. —北京：中国社会出版社，2015. 11
ISBN 978 - 7 - 5087 - 5180 - 1

Ⅰ. ①2… Ⅱ. ①国… Ⅲ. ①粮食—经济发展—研究报告—中国—2015 Ⅳ. ①F326. 11

中国版本图书馆 CIP 数据核字（2015）第 253844 号

书　　名：2015 中国粮食发展报告
主　　编：国家粮食局

出 版 人：浦善新
终 审 人：李　浩
责任编辑：李冬雁　　　　责任校对：张　从

出版发行：中国社会出版社　　　　邮政编码：100032
通联方法：北京市西城区二龙路甲 33 号新龙大厦
电　　话：编辑部：（010）58124823
　　　　　邮购部：（010）58124848
　　　　　销售部：（010）58124845
　　　　　传　真：（010）58124856
网　　址：www. shcbs. com. cn
　　　　　shcbs. mca. gov. cn
经　　销：各地新华书店

中国社会出版社天猫旗舰店

印刷装订：中国电影出版社印刷厂
开　　本：210mm × 285mm　　1/16
印　　张：10. 75
字　　数：200 千字
版　　次：2015 年 12 月第 1 版
印　　次：2015 年 12 月第 1 次印刷
定　　价：150. 00 元

中国社会出版社微信公众号

2015
中国粮食发展报告编辑委员会

委　员

编审组
（按姓氏笔画排序）

刘　力　严　涛　周冠华　颜　波

编写组
（按姓氏笔画排序）

卜轶彪　孔伟娟　孔晶晶　方　言　方　进　王　旭　王　辉
王世海　王正友　王礼正　王仲涛　王晓辉　王耀鹏　史京华
田　临　田　野　田雨军　边　增　刘　韧　刘　武　刘小南
刘风国　刘启波　刘妍杉　刘青青　刘莉华　匡广忠　向玉旭
吕昱晨　孙　伟　孙洪波　曲贵强　朱　聪　朱　震　汤　松
纪　展　许　策　闫鹭鹭　宋丹丕　张　云　张　怡　张　艳
张　雪　张　雷　张　蕾　张永强　张立伟　张亚奇　张延华
张成志　张志栋　张显斌　李　红　李　玥　李　洵　李　涛
李云峰　李亚莉　李寅铨　李鹏飞　杜　夏　杨　正　杨凌志
杨道兵　沈　洁　肖春阳　陈　玲　陈　寅　陈书玉　陈玉中
陈军生　陈成云　陈秀玲　周　波　周　惠　周冠华　庞　盛
林风刚　林明亮　罗　杨　郁士祥　郑力文　金　贤　侯　锐
姚　磊　姚秀敏　洪　荣　胡文忠　胡承淼　胡瑶庆　胡耀芳
贺　伟　赵泽林　赵素丽　唐　平　唐　成　唐　茂　唐继发
唐铁军　徐广超　秦　健　秦玉云　耿晓頔　袁海波　贾　骞
郭　建　郭晓虹　寇　荣　曹颖君　阎豫桂　麻　婷　麻国杰
黄思思　彭　扬　智振华　温朝晖　游　泳　程继伟　葛建营
韩卫江　韩继志　韩静涛　管伟举　谭本刚　颜　成　黎　霆
魏　然

编辑部

主　　任：邓亦武
副 主 任：刘　力
工作人员：刘珊珊　崔菲菲

目 录

目 录

目录

目 录

2014 年中国粮食发展概述

2014 年，全国粮食系统广大干部职工深入学习贯彻习近平总书记关于保障国家粮食安全的一系列重要讲话精神，认真贯彻落实国家粮食安全战略和国务院第 52 次常务会议的决策部署，面对粮食市场错综复杂、收储压力前所未有、国内改革发展任务艰巨繁重的形势，立足经济社会发展和“三农”工作大局，以全面深化改革总揽粮食流通工作全局，锐意改革、开拓进取，为保障国家粮食安全、促进经济社会平稳持续健康发展作出了积极贡献。

一、贯彻实施国家粮食安全战略，进一步巩固粮食安全的物质基础

认真贯彻实施“以我为主、立足国内、确保产能、适度进口、科技支撑”的新时期国家粮食安全战略，加快构建国家粮食安全保障体系，国务院出台建立健全粮食安全省长责任制的专门文件，进一步明确省级人民政府在保障粮食安全方面的事权，要求省级人民政府必须切实承担起保障本地区粮食安全的主体责任，全面加强粮食生产、储备和流通能力建设。

继续在粮食主产区实行最低收购价政策，并适当提高最低收购价格水平，早籼稻、中晚籼稻、粳稻和小麦最低收购价格分别提高到每 50 公斤 135 元、138 元、155 元和 118 元，每斤比上年分别提高 0.03 元、0.03 元、0.05 元和 0.06 元。继续对玉米、油菜籽实行临时收储政策，玉米和油菜籽临时收储价格与上年持平。启动东北三省和内蒙古大豆目标价格试点，2014 年大豆目标价格为 4800 元 / 吨。

中央一系列强农惠农富农政策的实施，有效保护和调动了农民种粮积极性，促进了粮食生产发展，粮食总产量实现“十一连增”，创下 60703 万吨的历史新高，比上年增产 515 万吨，增幅 0.9%；粮食库存持续增加，保持历史较高水平。与此同时，粮食进口量也进一步增加，其中大豆进口 7140 万吨，创历史新高。

二、继续加强宏观调控，粮食市场和价格基本稳定

各地粮食部门把粮食收储作为各项工作的重中之重，在主产区粮食收储压力大的情况下，产销区团结协作，积极采取促销减库、建仓扩容、跨省移库、产销衔接等多项措施，有效缓解粮食收储矛盾，避免发生农民“卖粮难”。2014 年，全国各类粮食企业的粮食收购量首次突破 35000 万吨，总量达 36490 万吨，同比增加 2045 万吨，其中最低收购价和临时收储粮食 12360 万吨，同比增加 4041 万吨。各地认真落实国家粮食收购政策，通过提价托市、增加收购、优质优价、整晒提等、产后减损等

措施，促进种粮农民增收 550 亿元以上。全年政策性粮食竞价成交 5265 万吨、跨省移库 1000 万吨，积极推进产销衔接，省际间粮食流通量达 16500 万吨。各地市场粮源充裕、供应充足，有效保证了军需、民食，维护了粮食市场稳定。

三、深化粮食流通领域改革，推动粮食流通科学发展

2014 年，全国粮食系统坚持以改革破难题、以改革求创新、以改革转职能、以改革促发展，加快建立贯彻国家粮食安全战略、确保“谷物基本自给、口粮绝对安全”的粮食流通安全保障体系，为国家粮食安全提供坚实的制度和机制保障。按照中央全面深化改革领导小组的部署，结合落实全国粮食流通工作会议确定的改革任务，国家粮食局成立了由局党组书记、局长为组长的全面深化改革工作领导小组，全面启动和重点推进“5+1 改革”。“5”是涉及整个粮食行业的“五项改革”，包括深化粮食流通管理体制改革、粮食市场调控和储备管理机制改革、粮食行业发展机制和国有粮食企业改革、粮食行政管理机制改革、粮食流通统计制度改革，“1”是“局机关工作制度和运行机制改革”。经过一年来的积极努力，“5+1 改革”取得了重要阶段性成果，粮食安全省长责任制文件印发实施，实现了理顺粮食流通管理体制的新突破，同时，粮食系统减少粮食行政审批事项，制定新的粮食流通统计制度，积极探索政策性粮食收储新机制，下达新增地方粮食储备规模计划，为进一步深化改革奠定了很好的基础。

四、实施“粮安工程”，提升粮食收储供应保障能力

认真编制“粮安工程”建设规划。国家粮食局会同有关部门拟订新建千亿斤仓容建设方案，到年底已下达 650 亿斤建设任务。中央财政“危仓老库”维修改造补助资金增加到 20 亿元，重点支持省份扩大到 12 个，已完成维修改造仓容 1108 亿斤。中央补助投资 8 亿元支持粮食现代物流项目和粮食质量安全检验监测能力建设。据统计，2014 年中央财政对粮食行业各类设施建设投资达 54.5 亿元，直接带动各地财政及社会投资 234 亿元，极大地促进了粮食仓储物流设施建设。粮食应急体系初步建成，在保证云南鲁甸、景谷，四川康定地震和海南“威马逊”台风等灾区粮食供应中发挥了关键作用。粮食信息化建设积极推进，库存粮食识别代码试点进展顺利，粮食储运监管物联网应用示范工程取得阶段性成果。年内为农户配置科学储粮装具 140 万套，累计达到 817 万套，储粮新技术、散粮运输、适度加工得到积极推广，节粮减损取得新成效。成功举办“世界粮食日暨全国爱粮节粮宣传周”和“粮食科技周”活动，爱粮节粮进家庭、进学校、进企业、进机关、进军营取得实效，全社会爱惜粮食、反对浪费意识明显增强。

五、实施科技兴粮、人才兴粮工程，提升创新发展能力和人才队伍素质

召开全国粮食科技创新大会，认真贯彻国家创新驱动发展战略。中央财政安排粮食公益性行业科研专项经费1.5亿元，安全绿色储粮、粮食质量安全、粮食流通及信息技术、加工及节粮减损技术等7个重大项目研究进展顺利。加快推进粮食产后领域“国家工程实验室”建设，成功开发以横向通风为代表的粮食储藏成套新技术和小麦真菌毒素生物降解技术。发布实施粮油储藏技术规范、牡丹籽油等一批国家和行业标准，首次由我国组织修订的国际谷物标准“小麦规格”获得国家标准创新贡献一等奖。大力实施人才兴粮工程，制定实施人才体制改革实施意见，积极推进行业职业技术教育，加强校企联手培养专业技术人才，全行业培训干部职工27万人次，9171人取得国家职业资格证书。

六、扎实推进党风廉政建设和反腐败工作，促进行风政风转变取得实效

各级粮食部门深入学习贯彻习近平总书记系列重要讲话，严格落实党要管党、从严治党的要求，扎实推进党的建设工作。深入贯彻落实十八届中央纪委第三、第四次全会精神，按照全国粮食系统党风廉政建设工作会议的部署，坚持党风廉政建设和反腐败工作与粮食流通工作“四同步”一起抓。认真落实党风廉政建设主体责任和监督责任，规章制度进一步健全。严格落实中央八项规定精神，持之以恒纠正“四风”，严肃查处少数党员领导干部违反中央八项规定精神的行为。国家粮食局组织开展了以知纪、守纪、执纪为主题的“党的纪律学习教育月”活动。各地粮食部门加强党的纪律教育，积极参加第二批党的群众路线教育实践活动，国家和省级粮食部门加强调研指导，上下联动，巩固和拓展教育实践活动成果。以纪念“四无粮仓”创建60周年活动为契机，大力传承和弘扬粮食行业“创业、创新、节俭、奉献”精神和“宁流千滴汗、不坏一粒粮”的光荣传统。认真践行社会主义核心价值观，召开全国粮食系统文化建设座谈会，积极推进粮食文化建设。各级粮食部门在机关政务事务建设、行业社团组织管理和老干部工作等方面都取得了可喜的成绩。

第一部分

粮食生产

一 粮食生产概述

2014年是实施新形势下国家粮食安全战略的第一年，党中央、国务院着眼全局，出台了一系列强农富农惠农政策，各地坚决贯彻中央决策部署，牢牢把握“稳中求进、改革创新”的工作总基调，坚定信心促发展，攻坚克难求实效，务实创新抓落实，全年粮食生产实现“十一连增”，高位护盘取得突破。粮食稳定增产作为经济发展的突出亮点，为稳增长、调结构、促改革、惠民生作出了重要贡献。

（一）粮食面积十一连增

据统计，2014年粮食播种面积11272.3万公顷，比上年增加76.7万公顷，增幅0.7%，是新中国成立以来第一次连续十一年增加。

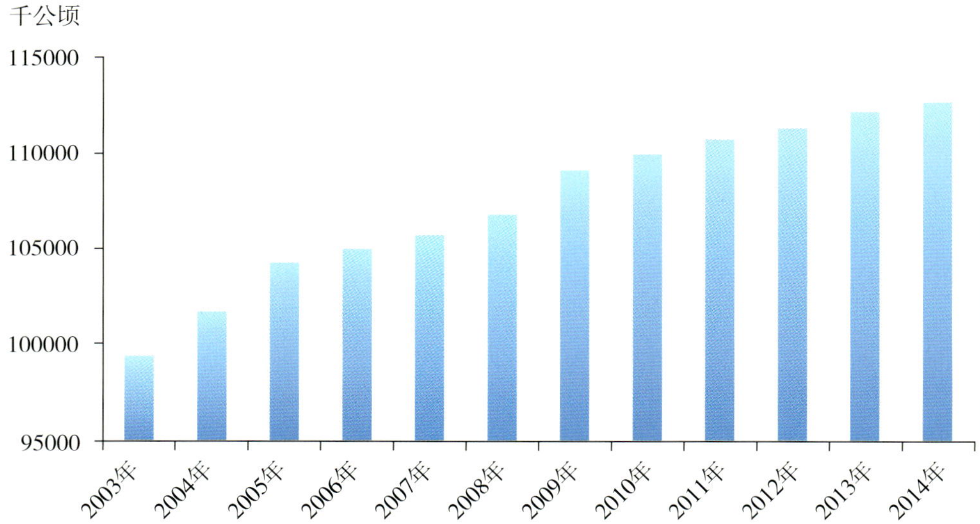

图1-1　2003~2014年我国粮食播种面积情况

(二)粮食单产提高

2014 年粮食平均单产每公顷 5385 公斤，比上年提高 8 公斤，增幅 0.2%。

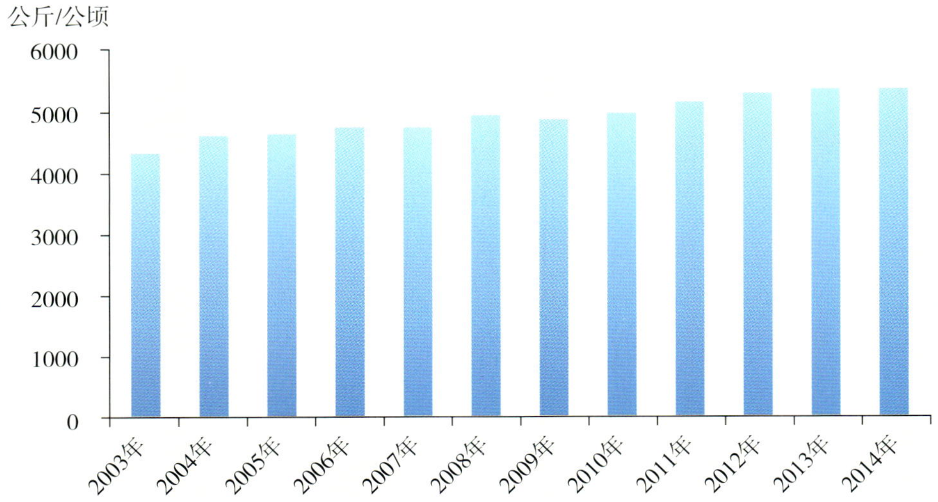

图 1–2 2003~2014 年我国粮食单产情况

(三)粮食总产十一连增

2014 年粮食总产 60702.6 万吨，比上年增产 508.8 万吨，增幅 0.9%，实现新中国成立以来第一次连续十一年增产。

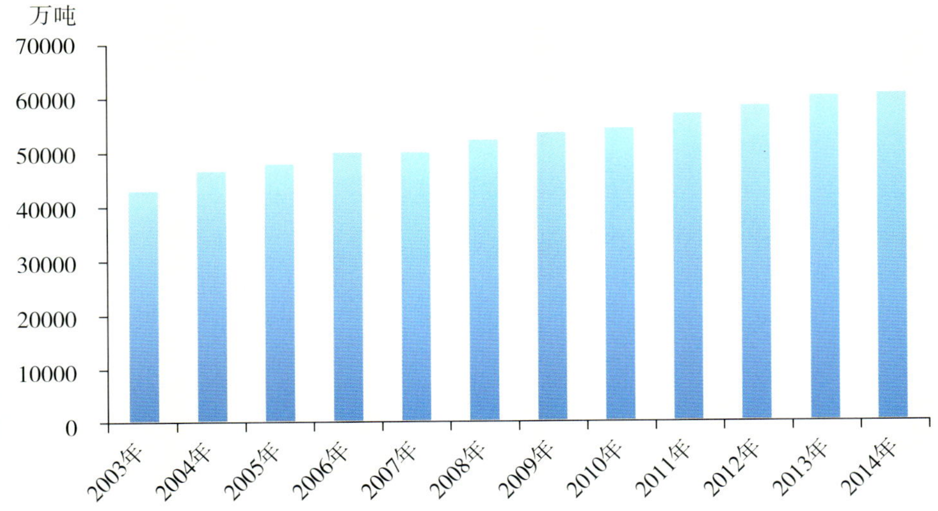

图 1–3 2003~2014 年我国粮食产量情况

（四）三季粮食稳定发展

夏粮增产：2014年夏粮播种面积2758.2万公顷，比上年减少0.7万公顷，持平略减；总产13659.6万吨，比上年增产474.7万吨，增幅3.6%；单产每公顷4952公斤，比上年提高173公斤，增幅3.6%。早稻持平略减：2014年早稻播种面积579.5万公顷，比上年减少0.9万公顷，持平略减；总产3401.2万吨，比上年减少12.4万吨，减幅0.4%；单产每公顷5869公斤，比上年减少12公斤，减幅0.2%。秋粮增产：2014年秋粮播种面积7934.6万公顷，比上年增加78.3万公顷，增幅1%；总产43641.9万吨，比上年增产46.4万吨，增幅0.1%；单产每公顷5500公斤，比上年减少49公斤，减幅0.9%。

二 粮食生产品种结构

（一）主要粮食品种"三增一减"

稻谷增产：2014年稻谷播种面积3031万公顷，比上年减少0.2万公顷，持平略减；总产20650.7万吨，比上年增加289.5万吨，增幅1.4%；单产每公顷6813公斤，比上年提高96公斤，增幅1.4%。

小麦增产：2014年小麦播种面积2406.9万公顷，比上年减少4.8万公顷，减幅0.2%；总产12620.8万吨，比上年增产428.2万吨，增幅3.5%；单产每公顷5244公斤，比上年提高188公斤，增幅3.7%。

玉米减产：2014年玉米播种面积3712.3万公顷，比上年增加80.5万公顷，增幅2.2%；总产21564.6万吨，比上年减少284.3万吨，减幅1.3%；单产每公顷5809公斤，比上年减少207公斤，减幅3.4%。

大豆增产：2014年大豆播种面积680万公顷，比上年增加0.9万公顷，持平略增；总产1215.4万吨，比上年增加20.3万吨，增幅1.7%；单产每公顷1787公斤，比上年提高27公斤，增幅1.5%。

（二）杂粮品种增多减少

高粱减产：2014年高粱播种面积61.92万公顷，比上年增加3.68万公顷，增幅6.3%；总产288.5万吨，比上年减少0.7万吨，减幅0.2%；单产每公顷4659.2公斤，比上年减少306.2公斤，减幅6.2%。

大麦增产：2014年大麦播种面积46.88万公顷，比上年增加0.32万公顷，增幅0.7%；总产181.2万吨，比上年增加11.3万吨，增幅6.6%；单产每公顷3865.1公斤，比上年提高214.8公斤，增幅5.9%。

谷子增产：2014年谷子播种面积77.18万公顷，比上年增加5.61万公顷，增幅7.8%；总产180.9万吨，比上年增加6.3万吨，增幅3.6%；单产每公顷2344.2公斤，比上年减少95.4公斤，减幅3.9%。

薯类增产：2014年我国薯类播种面积894.03万公顷，比上年减少2.3万公顷，减幅0.3%；总产3336.4万吨，比上年增加7.1万吨，增幅0.2%；单产每公顷3731.9公斤，比上年增加17.4公斤，增幅0.5%。其中，马铃薯播种面积557.33万公顷，比上年减少4.13万公顷，减幅0.7%；总产1910.3万吨，比上年减少8.5万吨，减幅0.4%；单产每公顷3427.6公斤，比上年增加10.1公斤，增幅0.3%。

豆类增产：2014年我国豆类（包括大豆）播种面积917.88万公顷，比上年减少4.48万公顷，减幅0.5%；总产1625.5万吨，比上年增加30.2万吨，增幅1.9%；单产每公顷1770.9公斤，比上年增加41.4公斤，增幅2.4%。其中，绿豆播种面积54.01万公顷，比上年减少9.27万公顷，减幅14.7%；总产68.9万吨，比上年减少6.4万吨，减幅8.5%；单产每公顷1276.3公斤，比上年增加85.7公斤，增幅7.2%。红小豆播种面积15.17万公顷，比上年减少1.23万公顷，减幅7.5%；总产24.2万吨，比上年减少3.2万吨，减幅11.8%；单产每公顷1595公斤，比上年减少76.9公斤，减幅4.6%。

三 粮食生产地区布局

（一）从南北区域看

北方15省（区、市）2014年粮食播种面积6254.4万公顷，比上年增加60.7万公顷，增幅1.0%；产量33835.4万吨，比上年减少86.3万吨，减幅0.3%，该区域粮食产量占全国粮食总产的55.7%。

南方16省（区、市）2014年粮食播种面积5017.9万公顷，比上年增加16万公顷，增幅0.3%；产量26867.1万吨，比上年增加594.8万吨，增幅2.3%，该区域粮食产量占全国粮食总产的44.3%。

（二）从东中西区域看

东部12省（区、市）2014年粮食播种面积3144.7万公顷，比上年增加12.8万公顷，增幅0.4%；产量18056.4万吨，比上年减少267.4万吨，减幅1.5%，该区域粮食产量占全国粮食总产的29.7%。

中部9省（区）2014年粮食播种面积5551.6万公顷，比上年增加67.7万公顷，增幅1.2%；产量30775.8万吨，比上年增加598.5万吨，增幅2%，该区域粮食产量占全国粮食总产的50.7%。

西部10省（区、市）2014年粮食播种面积2575.9万公顷，比上年减少3.9万公顷，减幅0.1%；产量11870.3万吨，比上年增加177.4万吨，增幅1.5%，该区域粮食产量占全国粮食总产的19.6%。

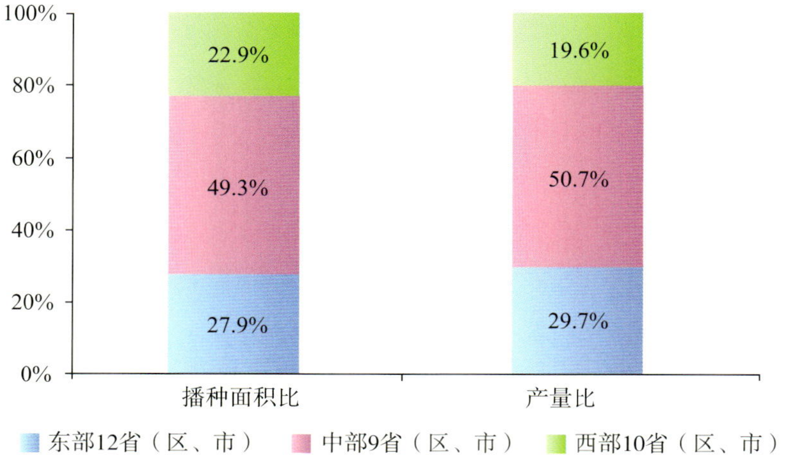

图 1-4 2014 年全国东、中、西部地区粮食生产布局情况

（三）从生态区域看

东北地区 4 省（区）2014 年粮食播种面积 2558.3 万公顷，比上年增加 38.5 万公顷，增幅 1.5%；产量 14281.9 万吨，比上年减少 241.8 万吨，减幅 1.7%，该区域粮食产量占全国粮食总产的 23.5%。

西北地区 6 省（区）2014 年粮食播种面积 1251.3 万公顷，比上年减少 4.2 万公顷，减幅 0.3%；产量 5584.5 万吨，比上年增加 64.2 万吨，增幅 1.2%，该区域粮食产量占全国粮食总产的 9.2%。

黄淮海地区 7 省（市）2014 年粮食播种面积 3645.3 万公顷，比上年增加 28.3 万公顷，增幅 0.8%；产量 20875.4 万吨，比上年增加 295.1 万吨，增幅 1.4%，该区域粮食产量占全国粮食总产的 34.4%。

长江中下游地区 5 省（市）2014 年粮食播种面积 1447.5 万公顷，比上年增加 16.6 万公顷，增幅 1.2%；产量 8598.8 万吨，比上年增加 207.5 万吨，增幅 2.5%，该区域粮食产量占全国粮食总产的 14.2%。

华南 4 省（区）2014 年粮食播种面积 716.7 万公顷，比上年减少 4.1 万公顷，减幅 0.6%；产量 3745.3 万吨，比上年增加 52.3 万吨，增幅 1.4%，该区域粮食产量占全国粮食总产的 6.2%。

西南 5 省（区、市）2014 年粮食播种面积 1653.3 万公顷，比上年增加 1.5 万公顷，增幅 0.1%；产量 7616.6 万吨，比上年增加 131.2 万吨，增幅 1.8%，该区域粮食产量占全国粮食总产的 12.5%。

（四）从产销区域看

主产区 13 省（区）2014 年粮食播种面积 8108 万公顷，比上年增加 84.8 万公顷，增幅 1.1%；产量 46021.2 万吨，比上年增加 257.8 万吨，增幅 0.6%，该区域粮食产量占全国粮食总产的 75.8%。

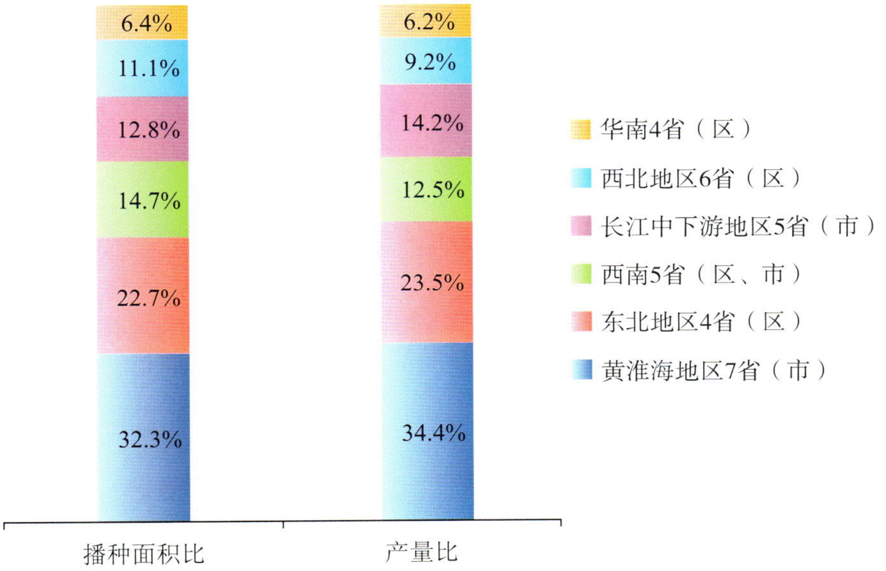

图 1-5　2014 年各生态区域粮食生产布局情况

主销区 7 省（市）2014 年粮食播种面积 599.7 万公顷，比上年减少 4.9 万公顷，减幅 0.8%；产量 3320.7 万吨，比上年增加 30.5 万吨，增幅 0.9%，该区域粮食产量占全国粮食总产的 5.5%。

产销平衡区 11 省（区、市）2014 年粮食播种面积 2564.6 万公顷，比上年减少 3.2 万公顷，减幅 0.1%；产量 11360.6 万吨，比上年增加 220.2 万吨，增幅 2%，该区域粮食产量占全国粮食总产的 18.7%。

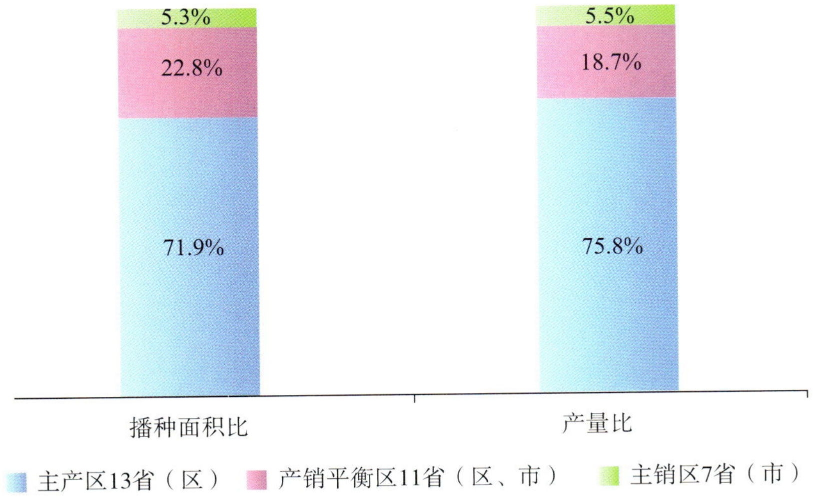

图 1-6　2014 年各产销区粮食生产布局情况

四 主要粮食生产成本

(一) 2014年粮食成本收益情况

据全国价格主管部门成本调查机构的调查显示，2014年我国主要粮食品种与上年相比(下同)：单产提高，成本上升，价格上涨，收益增加。

单产提高。2014年我国粮食产区整体气候较好，加之农户生产管理水平不断提高、优良品种种植面积进一步扩大，粮食生产再获丰收。三种粮食（稻谷、小麦、玉米，下同）平均亩产470.9公斤，增加26.3公斤，增幅5.9%。其中，稻谷、小麦和玉米亩产分别为485公斤、428公斤和499.8公斤，分别增加13.3公斤、53.7公斤和11.8公斤，增幅分别为2.8%、14.3%和2.4%。三种粮食单产均创历史新高。

成本上升。2014年三种粮食平均每亩总成本和现金成本分别为1068.6元和482.9元，分别上升42.4元和9.1元，升幅分别为4.1%和1.9%，升速连续两年大幅放缓。主要成本项目变动原因：一是由于化肥价格下跌，每亩化肥费132.4元，减少10.9元，减幅7.6%；二是由于机械化率进一步提高和机械作业价格上涨，每亩机械作业费134.1元，增加9.2元，增幅7.3%；三是由于种子价格上涨3.8%以及用量增加0.6%，每亩种子费57.8元，增加2.4元，增幅4.3%；四是由于劳动力价格上涨，虽然每亩用工数量减少4.9%，但每亩人工成本仍达446.8元，增加17.1元，增幅4%；五是由于土地价格上涨，每亩土地成本203.9元，增加22.5元，增幅12.4%。

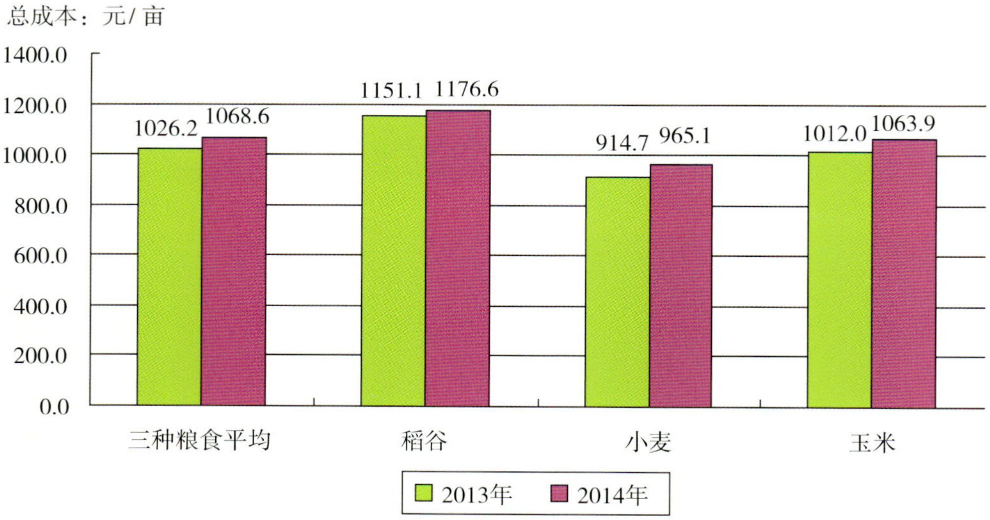

图1-7 2014年三种粮食每亩总成本变化图

价格上涨。受国家提高稻谷、小麦最低收购价格，继续实施玉米临时收储政策以及生产成本上升等因素的影响，2014 年粮食价格连续第 9 年上涨。农民出售三种粮食全年平均价格为每 50 公斤 124.4 元，上涨 3.3 元，涨幅 2.7%。其中，稻谷、小麦和玉米分别为 140.6 元、120.6 元和 111.9 元，分别上涨 4.1 元、2.8 元和 3.1 元，涨幅分别为 3%、2.4% 和 2.8%。

收益增加。2014 年三种粮食平均每亩净利润 124.8 元，增加 51.8 元，增幅 71.0%；每亩现金收益（不考虑家庭用工和自有土地机会成本）710.4 元，增加 85.1 元，增幅 13.6%。如果考虑国家对农业的补贴，每亩实际收益（现金收益加补贴收入）793.1 元，增加 87.5 元，增幅 12.4%。其中，稻谷、小麦和玉米亩均实际收益分别为 895.4 元、682.2 元和 801.9 元，分别增加 69.2 元、143.3 元和 50.2 元，增幅分别为 8.4%、26.6% 和 6.7%。

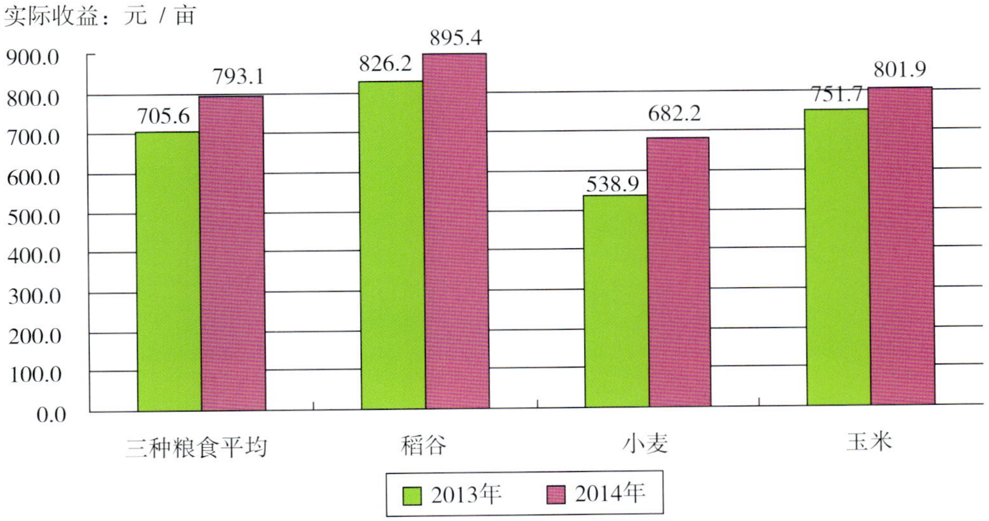

图 1-8　2014 年三种粮食每亩实际收益（现金收益加补贴收入）变化图

表 1-1　2014 年粮食成本收益比较表（一）

单位：元

品种	每亩总成本		每亩净利润		每 50 公斤总成本		每 50 公斤平均出售价格	
	2013 年	2014 年	2013 年	2014 年	2013 年	2014 年	2013 年	2014 年
三种粮食平均	1026.2	1068.6	72.9	124.8	113.1	111.4	121.1	124.4
稻谷	1151.1	1176.6	154.8	204.8	120.3	119.8	136.5	140.6
早籼稻	1050.2	1078.3	60.4	57.7	123.1	127.3	130.2	134.1
中籼稻	1142.5	1191.1	176.1	197.3	113.8	114.0	131.4	132.9
晚籼稻	1082.6	1102.5	88.6	192.8	125.4	120.8	135.7	141.9

续 表

品种	每亩总成本		每亩净利润		每50公斤总成本		每50公斤平均出售价格	
	2013年	2014年	2013年	2014年	2013年	2014年	2013年	2014年
粳稻	1329.2	1334.3	294.1	371.5	120.2	118.7	146.8	151.8
小麦	914.7	965.1	-12.8	87.8	119.5	110.5	117.8	120.6
玉米	1012.0	1063.9	77.5	81.8	101.1	103.9	108.8	111.9

表 1-2 2014 年粮食成本收益比较表（二）

单位：元

品种	每亩现金成本		每亩实际收益（含补贴收入）		每50公斤现金成本	
	2013年	2014年	2013年	2014年	2013年	2014年
三种粮食平均	473.8	482.9	705.6	793.1	52.2	50.3
稻谷	571.2	580.4	826.2	895.4	59.7	59.1
早籼稻	496.5	505.8	702.7	723.0	58.2	59.7
中籼稻	491.9	499.1	918.7	985.6	49.0	47.8
晚籼稻	532.9	538.3	723.3	844.7	61.7	59.0
粳稻	763.3	778.3	960.2	1028.2	69.0	69.2
小麦	441.3	451.2	538.9	682.2	57.6	51.7
玉米	408.9	417.1	751.7	801.9	40.8	40.7

（二）2014 年粮食和主要经济作物效益比较

2014 年我国粮、棉、油、烟等主要农产品生产成本均继续呈上升趋势，增速进一步大幅放缓。由于价格和单产变化不同，主要农产品实际收益变化趋势也不同。其中，粮食增加，棉花、油菜籽减少，烤烟基本持平。粮食相对棉花、油菜籽和烤烟的比较效益均有所上升。

从亩均实际收益水平看，2014 年粮食低于烤烟，高于棉花和油菜籽。其中，粮食与烤烟的差距缩小；粮食相对棉花的优势扩大；三种粮食各品种均高于油菜籽。2014 年粮食亩均实际收益 1525.9 元（按一年两季粮食作物计算，北方地区一亩小麦和一亩玉米的实际收益合计为 1484.1 元，南方地区一亩早籼稻和一亩晚籼稻实际收益合计为 1567.7 元，平均每亩粮食实际收益为 1525.9 元），比烤烟少 843.4 元，差距比上年缩小 167.7 元；比棉花多 670.2 元，优势比上年扩大 568.2 元。油菜籽亩均实际收益 514.1 元，均低于三种粮食。

从比较效益来看，2014 年粮食效益有所提高。三种粮食平均与棉花、油菜籽和烤烟的实际收益比（分别以棉花、油菜籽和烤烟为 1）分别从上年的 0.56、1.26 和 0.3 上升到 0.93、1.54 和 0.33。

专栏 《全国新增1000亿斤粮食生产能力规划》实施情况

近年来，我国粮食生产虽然取得巨大成就，但在需求刚性增长和资源环境约束下，仍然面临严峻挑战。在此背景下，建立促进粮食生产稳定发展长效机制的任务尤为艰巨。2008年7月，国务院审议通过了《国家粮食安全中长期规划纲要》（简称《纲要》）。基于《纲要》中对2020年我国粮食需求的预测目标，发改委会同多个部门和单位，以需定产，编制了《全国新增1000亿斤粮食生产能力规划》（简称《规划》），于2009年4月8日讨论并原则通过。

规划期限为2009~2020年，品种以稻谷、小麦、玉米三大作物为主；将全国划分为粮食生产核心区、非主产区产粮大县、后备区和其他地区四类统筹规划，分区明确了功能定位，提出增产量、调结构、提质量等目标。围绕以提高粮食单产水平实现增产这一主要目标，提出建设水利骨干和田间工程、加强优良品种和先进栽培技术研究、完善良种繁育和技术推广体系、推进粮食生产全程机械化、完善防灾减灾体系等八项任务。

截至2014年年底，各地区、各有关部门按照《规划》要求，结合自身实际，落实各项建设任务，强化科技支撑，不断提高粮食生产水平，取得了明显成效。

通过加强田间工程建设，夯实了粮食生产基础。一是国家累计安排中央投资360多亿元，用于田间工程及农技服务体系建设，建成高产稳产粮田7000万亩左右。农业综合开发、国土等部门也分别安排投资200亿~300亿元，用于中低产田改造、标准农田和土地整理等项目建设。二是田间工程亩均投资标准由原来的500元提高到1500元，农业综合开发部门将高标准农田亩均中央投资标准由原来的1090元提高到1200元左右。三是国家标准委会同有关部门制定和发布了《高标准农田建设通则》（GB/T30600-2014），实现了全国技术标准和建设要求的统一。四是多地开展了高产稳产农田上图入库工作，实行集中统一、全面动态监管。目前，800个产粮大县灌排设施等农业生产条件明显改善，耕地产出能力、防灾减灾能力进一步增强，项目区平均亩产增加60公斤以上。

加强科研基础设施建设，增强农业科技支撑能力。建成一批农作物品种改良中心、良种繁育基地、区域试验站；支持建设了一批种业龙头企业育种项目，布局建设了若干重大科技基础设施、工程实验室、工程研究中心和企业技术中心等农业科技创新平台；继续开展粮食生产重大科技攻关、粮油高产创建，加快优良品种和先进栽培技术的推广应用，改善科研设施条件。目前，粮食生产的科技水平明显提升，全国粮食平均亩产达到359公斤，农业科技进步贡献率达到55%以上，耕种收综合机械化水平超过60%。

第二部分

粮食市场供求与价格

一 粮食市场总体概述

2014年国内粮食生产实现“十一连增”，粮食需求增速放缓，粮食高产量、高收购量和高库存量“三高叠加”。分品种看，玉米、稻谷供大于求，小麦处于紧平衡，而大豆产需缺口加大。特别是玉米连续增产和消费需求持续下降同步出现，阶段性供应过剩特征明显。

国内粮食市场开放程度提高，进口粮大量进入国内市场，从数量和价格两个方面对国内市场形成持续冲击，2014年我国粮食进口量超过1亿吨。国内粮价受托市收购价格支撑维持高位，国内外粮食价格严重倒挂，储备企业粮源严重滞销。

二 小麦市场供求与价格

（一）小麦供给和需求状况

2014年我国小麦产量同比增加，需求下降，小麦市场整体供求宽松。

1. 小麦产量继续增加

2014年我国小麦增产，达到创纪录的12621万吨，比上年增加428万吨，增幅3.48%。其中冬小麦产量11990万吨，较上年增加405万吨，春小麦产量达到627万吨，较上年增加20万吨。2004年至今，我国已经实现了小麦产量“十一连增”。

2. 小麦需求小幅下降

2014年我国小麦国内总需求量12250万吨，较上年下降500万吨，降幅为3.9%。其中，小麦制粉消费量9430万吨，占国内小麦总消费量的77.0%，较2013年减少200万吨，减幅2.1%；饲用小麦消费量1400万吨，占国内小麦消费量的11.4%，较上年增加50万吨，增幅3.7%。

（二）小麦市场价格走势及成因

2014年我国小麦价格涨幅较小，低于过去数年的平均涨幅，主要是受小麦增产，需求下降，以及托市小麦投放较早的影响。

1. 上半年小麦价格稳中偏弱

2014年上半年，受经济增速放缓、劳动年龄人口减少等因素的影响，小麦市场需求不旺，需求下降。小麦市场供应充裕，中央储备和地方储备小麦适时轮换，增加了市场供应，小麦价格稳中偏弱运行。

2. 6月份新麦上市之后，在托市收购以及小麦饲用量增加的作用下，小麦价格稳步走高

6月份新麦上市之后，河南、江苏、安徽、湖北和山东部分地区新小麦价格低于托市收购

价，小麦托市收购政策启动，托市小麦收购量比上年大幅增加。新小麦上市后，市场价格走低，而同期玉米价格大幅飙升，玉米与小麦价差迅速扩大，小麦饲用成本优势显现，小麦饲用量明显增加。在托市收购以及小麦饲用量增加的作用下，小麦价格稳步走高。

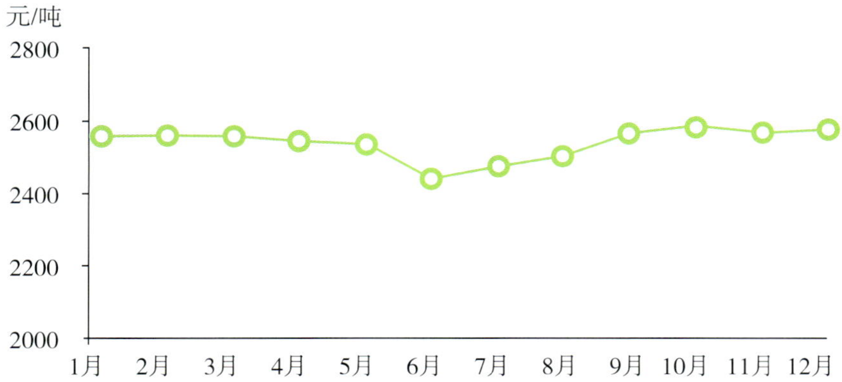

注：小麦为普通小麦。

图 2–1　2014 年国内小麦主产区批发价格月度走势图

3. 9 月份以后，在供求、政策、市场预期等多方面因素影响下，小麦价格逐步走低

9 月份以后，新季玉米开始上市，价格下跌，小麦饲用成本优势消失。10 月中旬，国家开始投放江苏省 2014 年产托市小麦，增加小麦市场供应。同时，国家有关部门公布 2015 年小麦最低收购价水平，与 2014 年持平，有效引导了市场预期。在供求、政策、市场预期等多方面因素影响下，小麦价格逐步走低。由于春节较常年推迟，小麦需求旺季的时间也较常年延后，进入 12 月份，小麦需求并不旺盛，小麦价格仍稳中偏弱。12 月底，河北石家庄地区二等小麦进厂价为 2620 元 / 吨，同比低 40 元 / 吨；河南郑州地区进厂价为 2580 元 / 吨，同比低 20 元 / 吨；山东济南地区进厂价为 2600 元 / 吨，同比低 40 元 / 吨。

三　稻米市场供求与价格

（一）稻谷供给和需求状况

1. 稻谷产量达创纪录的 20651 万吨

2014 年我国稻谷实现恢复性增产，达到创纪录的 20651 万吨，比上年增加 290 万吨，增幅 1.38%。稻谷产需过剩超过 1000 万吨，总量宽松。2004 年以来，除 2013 年南方高温干旱导致稻谷减产以外，其余年份稻谷均增产。增产主要是东北粳稻，集中在黑龙江省。国家粮油信息中心估计，2014 年黑龙江粳稻产量为 2390 万吨，比上年增加 169 万吨，占全国产量增量的 60%。2013 年遭受高温干旱气候影响的湖北和安徽省，在 2014 年实现了稻谷产量的恢复性增产。

国家连续提高稻谷最低收购价，稻谷种植收益稳定，农户种植积极性较高。国家粮油信息中心估计，2014 年我国稻谷种植面积为 3030.9 万公顷，与上年基本持平。由于良种覆盖率和耕作管理水平提高，稻谷平均单产达 6.811 吨 / 公顷，同比提高 0.4%。在全球主要稻米生产国中，我国稻谷单产水平位居前列，远高于印度、泰国及越南等东南亚主产国。

2. 稻谷消费下降

受经济增速放缓、居民食物多样化程度加深等因素影响，我国稻谷消费量从 2014 年开始下滑。根据监测，2014 年大米加工行业开工率低于上年，饲料行业对稻谷需求明显下降，米粉、啤酒、调味品等行业对大米用粮需求均呈现不同程度下降。

国家粮油信息中心估计，2014/2015 年度国内稻谷总消费 19128 万吨，较上年度减少 207 万吨，减幅 1.1%。其中食用消费 16920 万吨，较上年度减少 80 万吨，减幅 0.5%；饲料消费 1020 万吨，较上年度减少 110 万吨，减幅 9.7%；工业消费 1060 万吨，较上年度减少 20 万吨，减幅 1.9%。

稻谷产量创新高，消费下降，加上进口大幅提高，导致我国 2014/2015 年度稻谷结余量进一步增加。国家粮油信息中心估计，2014/2015 年度我国稻谷结余量增至 1815 万吨，2012/2013 年度及 2013/2014 年度分别为 532 万吨和 1321 万吨。

(二)稻米市场价格走势及成因

1. 稻米价格比上年高 3%~4%

2014 年，我国稻米市场价格总体高于上年。2014 年 12 月 31 日，黑龙江佳木斯地区普通圆粒粳稻收购价 3100 元 / 吨，较上年同期上涨 100 元 / 吨，涨幅 3.3%；新季圆粒粳米出厂价 4200 元 / 吨，较上年同期上涨 140 元 / 吨，涨幅 3.4%。江西南昌地区新季中晚籼稻收购价为 2760 元 / 吨，较上年同期上涨 90 元 / 吨，涨幅 3.4%；新季中晚籼米出厂价 4030 元 / 吨，较上年同期上涨 150 元 / 吨，涨幅 3.8%。

在供需宽松的市场环境下，稻米价格上涨的主要动力来自于政策面。2014 年我国早籼稻、中晚籼稻和粳稻的最低收购价分别为 2700 元 / 吨、2760 元 / 吨和 3100 元 / 吨，分别比上年上涨 60 元 / 吨、60 元 / 吨和 100 元 / 吨。

值得注意的是，尽管 2014 年稻谷价格总体上扬，但新粮上市后，市场价格仍低于当年最低收购价，主产区全面启动托市收购。

2014 年，稻谷价格变化最快的是南方优质籼稻。2014 年上半年，湘赣地区种植面积最大的优质籼稻黄花粘收购价格达到 3000~3100 元 / 吨，较上市初累计上涨 400 元 / 吨左右；鄂皖地区丰两优稻谷收购价 2900~3000 元 / 吨，较上市初累计上涨 300 元 / 吨，涨幅均大于历年同期。而在新粮上市之后，优质稻又逐渐回落至托市收购价水平。

优质稻行情形成的原因有两方面：一是托

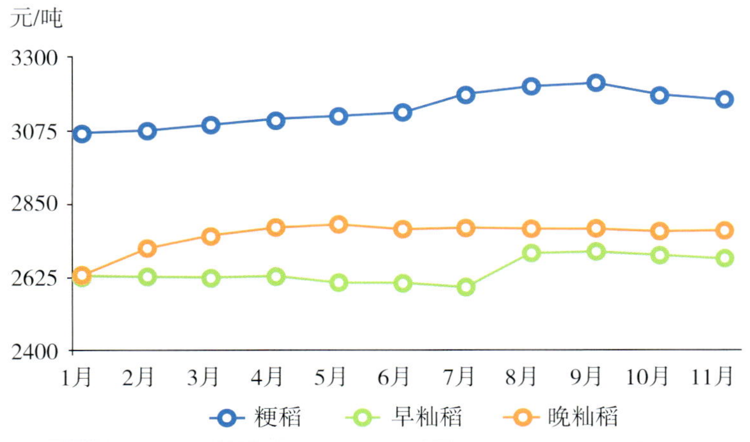

注：粳稻为收购价，早晚籼稻为出库价。

图 2–2 2014 年国内稻谷市场价格月度走势图

市收购吸收了部分优质稻，优质稻市场流通数量减少；二是局地优质稻种植面积减少，产量下降。由于近年连续启动托市收购，而托市收购以普通品种为主，优质稻送至粮库没有“溢价”。从生产环节看，优质稻单产低于普通稻，因此部分产区有回归种植普通稻的趋势。

2.“稻强米弱”致加工行业艰难前行

2014 年，“稻强米弱”仍然是稻米加工行业最重要的特征之一。其表现主要是：稻谷价格持续上扬，收购周期缩短，尤其是国家启动托市收购后，加工企业为锁定优质粮源，不得不在收购期以较高的价格建立原粮库存；大米价格上涨缓慢，消费需求减弱，大米销售困难，企业承受巨大的资金压力，加工利润微薄甚至亏损（退出之前，为稳住市场份额不得不亏损生产）。理论上，为保证大米加工企业不发生亏损，大米价格涨幅至少为稻谷的 1.5 倍以上。

据估计，2014 年稻米加工企业平均加工利润为 60~80 元/吨；行业开工率整体维持在 3~4 成，较前几年下降约 1 成。

“稻强米弱”的主要原因：一是稻谷最低收购价持续上调，原粮市场“政策市”特点鲜明；大米市场化程度较高，大米价格上涨受到多重制约。二是稻谷加工产能过剩严重。产能过剩容易导致收购季节多元化主体竞相采购稻谷，推高稻谷价格；大米终端消费需求趋势性减少，价格难以上涨。据不完全统计，目前我国稻谷加工产能约 3 亿吨，产能利用率仅 1/3 左右。三是国际市场大米价格持续走低，进口增加，持续冲击国内大米市场。2014 年全球大米丰收，出口供应充裕，尤其是泰国急于消化高企的大米库存。综合各因素影响，国际市场大米价格下行至近 5 年低点。大量低价大米进入国内，一方面抢占国产大米的市场份额，另一方面拉低国产大米的价格。

四 玉米市场供求与价格

（一）玉米供给和需求状况

2014年，受局部干旱影响，我国玉米产量略有下降，但仍为历史次高产量。国内消费继续下滑，供需保持宽松。由于国内需求增长乏力，高粱、大麦等谷物进口挤占玉米消费，国内市场产需过剩估计在3100万吨左右。

1. 玉米产量小幅降低

2014年，国内玉米面积继续小幅增加。玉米生育期气候条件总体较好，但入夏后华北和东北两大产区先后出现较为严重的局部干旱，特别是河南南部、辽宁以及吉林西南部地区旱情较重，对正处于灌浆期的玉米作物产生不利影响，局部地区出现明显减产。国家统计局数据显示，2014年玉米播种面积为5.56亿亩（3712.3万公顷），同比增长2.2%；单产为5.809吨/公顷，同比下降3.4%；产量为21564.6万吨，较上年减少284.3万吨，同比减幅1.3%，仅次于历史最高的2013年。

2. 玉米需求继续下降

2014年，国内玉米消费需求低迷。一方面，受疫病影响，禽业养殖尚未完全恢复；生猪价格全年低迷，生猪存栏和能繁母猪存栏同比持续下降；高粱、大麦等进口大幅增加，对玉米饲用消费替代明显。另一方面，国内经济增速持续放缓，玉米深加工产品消费需求疲软，导致深加工企业经营困难，开工率不足，限产、停产现象较为普遍，限制了玉米工业消费需求。国家粮油信息中心预计，2014年国内玉米总消费量为18198万吨，较上年减少137万吨，同比减幅0.75%，连续第2年消费下滑。其中饲料消费11250万吨，与上年基本持平；工业用消费5000万吨，较上年较少200万吨，减幅3.85%。

（二）玉米市场价格走势及成因

2014年国内玉米价格呈现暴涨暴跌行情，阶段性行情特征明显。2013年秋，主产区玉米再获丰收，当年玉米产量创历史新高，市场主体普遍预期玉米供应充裕，用粮企业及贸易企业普遍大幅压缩库存，大量玉米滞留在农户手中，玉米价格表现低迷。为切实保护农民利益和种粮积极性，促进粮食生产稳定发展，国家在东北地区继续实行玉米临时收储政策，临储收购创新高，也远超此前市场预期。4月份之后，市场可流通商品粮源明显下降，部分地区出现阶段性缺粮现象。尽管5月下旬，国家开始向市场竞价销售政策性玉米，但由于销售价格以及出库成本较高等支撑，政策性玉米价格偏高，国内玉米价格大幅上涨，多数地区玉米价格创历史新高。以山东潍坊为例，2014年8月底，当地深加工企业挂牌价格为2840元/吨，较2013年9月份的价格上涨了590元/吨。2014年下半年新季玉米上市后，供应市场增加，主产区玉米价格开始暴跌，9月份仅1个月时间潍坊地区玉米价格回落500元/吨至2300元/吨以下。

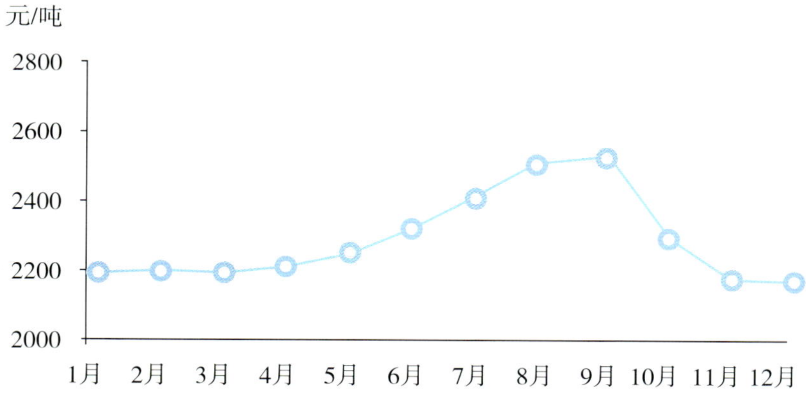

图 2–3 2014 年国内玉米主产区批发价格月度走势图

1. 1~3 月份玉米价格持续低迷

国家在 2013 年 11 月中旬启动东北地区国家临时存储玉米收购。由于市场普遍预期国内玉米供应充足，其他多元市场主体采购不积极，玉米价格持续低迷。直到 3 月下旬，东北地区玉米大量进入临储，当地玉米价格呈现触底反弹行情。华北产区由于没有临储收购，玉米价格则呈下跌态势。监测显示，3 月底，黑龙江肇东地区加工企业挂牌收购价格为 2020 元 / 吨，较 1 月初上涨 60 元 / 吨左右；长春地区加工企业挂牌收购价格为 2130 元 / 吨，与 1 月初持平；大连港口二等烘干玉米平仓价格为 2360 元 / 吨，较 1 月初上涨 50 元 / 吨。石家庄和滨州地区加工企业二等玉米挂牌收购价格分别为 2120 元 / 吨和 2220 元 / 吨，较 1 月初下跌 40 元 / 吨和 50 元 / 吨，广东港口东北产二等玉米成交价 2350 元 / 吨，较 1 月初下跌 20 元 / 吨。

2. 4~6 月份价格快速反弹

受东北地区大量玉米流入收储企业，同时带动山东、河北等地部分粮源倒流东北收储企业，导致东北产区和华北产区贸易企业及用粮企业库存严重偏低，市场出现结构性缺粮现象，4 月份国内玉米收购价格出现快速上涨，尤其是华北地区玉米价格上涨幅度较大。6 月底，黑龙江肇东地区加工企业挂牌收购价格为 2180 元 / 吨，较 3 月底上涨 160 元 / 吨左右；长春地区加工企业二等玉米到货价格为 2280 元 / 吨，较 3 月底上涨 150 元 / 吨；大连港口二等烘干玉米平仓价格为 2480 元 / 吨，较 3 月底上涨 120 元 / 吨；石家庄加工企业二等玉米收购价格分别为 2380 元 / 吨，较 3 月底上涨 260 元 / 吨；滨州地区加工企业二等玉米收购价格为 2600 元 / 吨，较 3 月底上涨 380 元 / 吨；广东港口东北产二等玉米成交价 2550 元 / 吨，较 3 月初上涨 220 元 / 吨。

3. 7~9 月份玉米价格冲高回落

7~9 月份，国内玉米市场供应主要依赖国家政策粮，玉米市场定价机制也就由市场转向政策。玉米价格就是政策粮交易成交价加出库费用、运输费用等，各地玉米价格走势趋向一致性。实际成交价格还有一定溢价。以临储玉米成交价格计算，加上出库费、升贴水、运费以及损耗等，很多地区用粮企业采购临储玉米到厂成本高于此前贸易玉米到厂成本。因此，临储玉米投放市场后，各地区玉米价格普遍上涨。8 月下旬，大连、锦州等港口玉米平仓价达到 2600 元 / 吨；广州、深圳等港口到货价格达到 2750 元 / 吨左右；山东地区部分企业报价达到 2840 元 / 吨，多数地区价格创出历史新高。9 月份，华北地区新季玉米开始陆续上市，市场供应增加，玉米价格也开始从历史高点快速回落。9 月底，黑龙江肇东地区加工企业到货价格为 2280 元 / 吨，较 6 月底上涨 100 元 / 吨左右，较 9 月份高点回落 40 元 / 吨；长春地区加工企业二等标准水分玉米到货价格为 2360 元 / 吨，较 6 月底上涨 80 元 / 吨，较 9 月份高点回落 60 元 / 吨；大连港口二等玉米平仓价格为 2470 元 / 吨，与 6 月底价格持平，较 9 月份高点回落 130 元 / 吨；石家庄地区加工企业二等玉米收购价格为 2500 元 / 吨，较 6 月底价格上涨 120元 / 吨，较 9 月份高点回落 200 元 / 吨；滨州地区加工企业二等玉米收购价格为 2490 元 / 吨，较 6 月底下跌 110 元 / 吨，较 9 月份高点回落 110 元 / 吨；广东港口东北产二等玉米成交价 2680 元 / 吨，较 6 月初上涨 130 元 / 吨，较 9 月高点回落 60 元 / 吨。

4. 10~12 月份玉米价格季节性回落

10 月份，华北玉米大量上市，东北新玉米上市量也逐渐增加。尽管局部地区出现减产现象，但总产量较高，市场新季玉米供应充裕，玉米价格开始季节性回调。11 月下旬，国家出台东北地区临时存储玉米收购政策，敞开收购农户余粮，收购价格较上年度持平，支撑东北产区玉米价格企稳反弹。华北地区玉米水分偏高，企业收购受限，收购价格持续下跌。

2014 年年底，黑龙江肇东地区加工企业挂牌收购价格为 1990 元 / 吨，较 9 月底下跌 90 元 / 吨左右，较上年年底上涨 30 元 / 吨；长春地区加工企业二等标准水分玉米挂牌收购价格为 2130 元 / 吨，较 9 月底下跌 20 元 / 吨，与上年年底持平；大连港口二等烘干玉米平仓价格为 2320 元 / 吨，较 9 月底下跌 150 元 / 吨，较

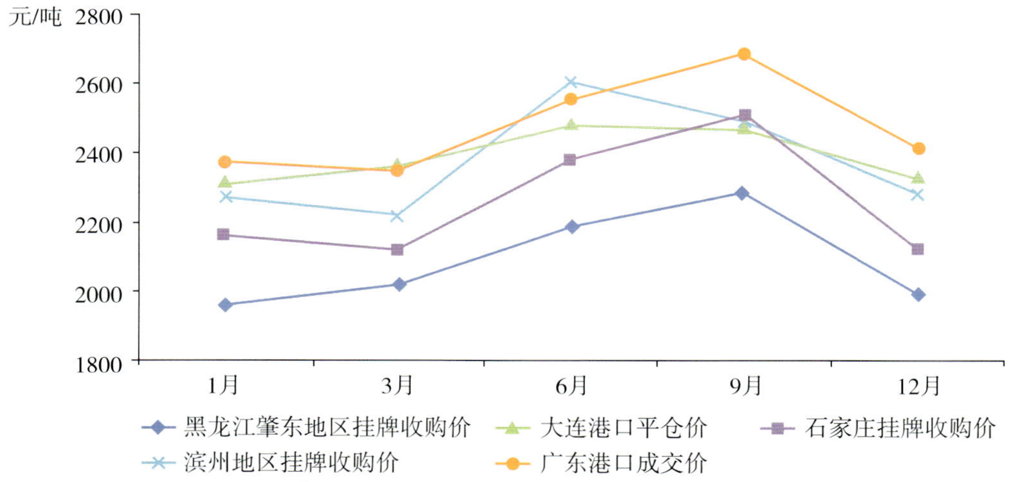

图 2-4　2014 年国内各地区玉米市场价格走势图

上年年底上涨 10 元 / 吨；石家庄地区加工企业二等玉米收购价格为 2120 元 / 吨，较 9 月底下跌 380 元 / 吨，较上年年底下跌 40 元 / 吨；滨州地区加工企业收购价格 2280 元 / 吨，较 9 月底下跌 210 元 / 吨，较上年年底上涨 10 元 / 吨；广东港口东北产二等烘干玉米成交价格为 2410 元 / 吨，较 9 月底下跌 270 元 / 吨，较上年年底上涨 40 元 / 吨。

五　杂粮市场供求与价格

2014 年，全国杂粮种植面积、平均单产和总产量均有所增加；总需求量和供给量同比都有较大增幅，供求形势基本处于相对宽松的平衡状态；个别杂粮品种价格先抑后扬、稳中有升，但受供求关系的影响，杂粮总体价格稍有下降。

（一）供给情况

2014 年全国杂粮总供给量为 7622.1 万吨，同比增加 2557.6 万吨，增长 50.50%。其中，国内杂粮总产量 6385.7 万吨，同比增加 1625.4 万吨，增长 34.14%，杂粮总产量占全国粮食总产量的 10.52%；进口 1236.4 万吨，同比增加 932.2 万吨，增幅达 306.44%。

2014 年全国杂粮种植面积 1566.9 万公顷，同比增加 45.2 万公顷，增长 2.97%。马铃薯、荞麦、甘薯、谷子等几个品种种植面积增加量较大，都超过了 10 万公顷；荞麦、薏仁、红小豆、芸豆的种植面积增幅也较大；豌豆、绿豆和大麦的种植面积则大幅度减小；其余品种的种植面积有增有减，但变化不大。马铃薯种植面积达 617.9 万公顷，同比增加 40.6 万公顷，增长 7.03%；甘薯种植面积 261.7 万公顷，同比增加 16.3 万公顷，增长 6.63%；荞麦种植面积 47.3 万公顷，同比增加 20.4 万公顷，增长 75.84%；薏仁种植面积 3.1 万公顷，同比增加 0.7 万公顷，增长 29.17%；红小豆种植面积 17.5 万公顷，同比增加 2.4 万公顷，增长 15.89%；芸豆种植面积 68.3 万公顷，同比增加 6.9 万公顷，增长 11.24%；谷子种植面积 167.6 万公顷，同比增加 10.9 万公顷，增长 6.96%；燕麦种植面积 7.3 万公顷，同比增加 0.4 万公顷，增长 5.80%；高粱种植面积 69.1 万公顷，同比增加 3.5 万公顷，增长 5.34%；绿豆种植面积 53.7 万公顷，同比减少 16.4 万公顷，下降 23.40%；豌豆种植面积 40.8 万亩，同比减少 12.3 万亩，下降 23.16%；大麦种植面积 45.1 万公顷，同比减少 3.2 万公顷，下降 6.63%。其余品种如黑豆、糜子、苏子、黍子、籽粒苋、兵豆、豇豆、蚕豆等种植面积同比增减变化不大，但总体呈萎缩趋势。

2014 年，由于主产区春季温度低和夏季干旱等原因，部分杂粮品种单产下降，但因马铃薯单产增长较大，全国杂粮的平均单产则保持了增加的趋势。产量增幅较大的品种主要有荞麦、马铃薯、薏仁、红小豆、芸豆、谷子等；减幅较大有豌豆和绿豆等。其中马铃薯产量3476.9万吨，同比增加1475.7万吨，增长73.74%；荞麦产量67.1万吨，同比增加36.9万吨，增长122.19%；薏仁产量9.5万吨，同比增加2.1万吨，增长28.38%；红小豆产量28.6万吨，同比增加6.1万吨，增长27.11%；芸豆产量118.6万吨，同比增加22.4万吨，增长23.28%；谷子产量224.7万吨，同比增加41.8万吨，增长22.85%；燕麦产量5.0万吨，同比增加0.3万吨，增长6.38%；高粱产量274.1万吨，同比增加12.4万吨，增长4.74%；豌豆产量43.7万吨，同比减少9.6万吨，下降28.15%；绿豆产量65.9万吨，同比减少21.2万吨，下降24.34%；大麦产量141.9万吨，同比减少11.2万吨，下降7.32%；甘薯产量1612.6万吨，同比减少15.3万吨，下降0.96%。黑豆、糜子、豇豆、蚕豆等其余品种的产量有增有减，变化不大，但总体减少。

（二）需求情况

2014年全国杂粮需求旺盛，总需求量达到7206.7万吨，同比增加2134.8万吨，增长42.09%。其中国内消费7012.9万吨，同比增加2103.6万吨，增长42.85%；出口193.8万吨，同比增加31.2万吨，增长19.19%。

2014年国内杂粮消费量大幅增加，达到了空前的7012.9万吨。从用途分类来看，直接食用1468.5万吨，同比减少4.1万吨，下降0.28%；工业用粮3950.4万吨，同比增加1289.1万吨，增长48.43%，其中食品工业用粮2128.6万吨，同比增加761.9万吨，增长55.75%。饲料用粮1012.6万吨，同比大幅增加806.3万吨，增长390.84%；其他用粮581.4万吨，同比增加12.3万吨，增长2.16%。从品种分类来看，主要是薯类消费量和谷物中的高粱、大麦消费量及豆类的豌豆消费量大幅增加。2014年，马铃薯消费3311.6万吨，同比增加1321.4万吨，增长66.40%；甘薯消费1469.6万吨，同比增加37.3万吨，增长2.60%。谷物类消费有增有减，但总消费量大幅增长，其中高粱消费803.9万吨，同比大幅增加541.4万吨，增长206.25%；大麦消费675.8万吨，同比增加279.7万吨，增长70.61%；荞麦消费31.5万吨，同比增加2.6万吨，增长9%；薏仁消费7.6万吨，同比增加1.5万吨，增长24.59%；燕麦消费16.4万吨，同比增加2.1万吨，增长14.69%；谷子消费201.3万吨，同比增加18.2万吨，增长9.94%；其他小品种谷物糜子、苏子、芝麻等消费变化不大。豆类消费有增有减，但总量略有增长，其中豌豆消费119.8万吨，同比增加51.3万吨，增长74.89%；红小豆消费17.6万吨，同比增加3.1万吨，增长21.38%；而芸豆消费58.9万吨，同比减少11.4万吨，下降16.22%；绿豆消费83.9万吨，同比减少5.2万吨，下降5.84%；黑豆、豇豆、蚕豆、兵豆等其余豆类消费有增有减，但变化不大。

（三）市场价格基本走势

2014年，由于国家连续几年在东北实行临时储备玉米收购政策，推高了东北乃至全国的玉米价格，甚至在二、三季度期间，一度出现了东北玉米价格与华北、中原局部地区玉米价格“倒挂”的现象。而进口玉米的到岸价比东北玉米的同期价格要低500至800元/吨，极端时价差甚至达到了1000元/吨。受玉米进口配额的限制，因为进口高粱比国产玉米有近300元/吨的价格优势，华南一些饲料企业较为普遍地把高粱作为玉米的进口替代品，全年进口量达到了创纪录的577.6万吨；同时，由于2013年国内高粱价格一路走高，刺激了国内高粱的种植，虽然局部高粱产区气候不利，但总产量仍增加了12.4万吨。内外夹击，导致了2014年国内高粱价格先扬后抑，大起大落。而由于江苏和甘肃的种植户将大麦转播为比较效益更高的玉米和冬小麦，国内大麦播种面积和产量双双下降。加上价格因素影响，饲料企业把大麦作为小麦和麸皮的替代品，从而导致2014年我国大麦的巨量进口，达到了空前的541.3万吨。大麦价格也因此全年不振，一路下行，只是在年末由于啤酒企业补库的需要而稍有反弹。国内红小豆上半年受2013年价格走势的影响，处于高位运行，下半年则一路走低。绿豆因种植面积和总产量双双下降的影响，价格一路走高，年末达到全年的最高点。豌豆供应宽松，价格走低，消费量增加。谷子供应增加，价格先扬后抑，震荡走低。薏仁和荞麦受需求增加特别是出口增加的影响，价格全年处于高位运行且仍有上升趋势。马铃薯因种植面积和产量双增加的影响，价格从2013年的高位震荡下跌，下半年一直处于低迷状态。

总体上看，2014年国内杂粮市场处于相对宽松的平衡状态，除绿豆等部分杂粮品种价格上涨外，总体上没有延续2013年的价格趋势，稍有下降。预计未来因高粱、大麦对玉米和小麦及麸皮的替代作用及杂粮保健功能的不断开发，杂粮需求会进一步增加，价格也应该进入一个温和的恢复性的增长通道。

(四)说明

在2014年杂粮的统计数据中，变量最大的就是马铃薯。以往我国薯类的种植面积和产量的统计数据多有矛盾之处。2014年国家对马铃薯的重视程度大幅提高，农业部已把马铃薯提升到了第四大主粮的高度，各类组织未来对薯类尤其是马铃薯的种植及统计会给予前所未有的支持和关注。2014年马铃薯的产量尤其是单产的增幅，与往年马铃薯种植面积及产量的统计存在盲点有关，这也是对以往统计数据的修正，说明因为政府重视，马铃薯的统计工作更加全面，更加符合实际。事实上，我国马铃薯的单产和总产量可能比上述发布的数据还要大。其他杂粮品种也存在同样的问题。

六 食用油市场供求与价格

(一) 2014大豆供求情况

1. 大豆供给和需求状况

2014年我国大豆产量略增，结束了此前3年产量连续下降的局面。大豆进口旺盛，并刷新历史纪录。全年大豆供给总体充足，但产需缺口进一步加大，对外依存度达85%。

大豆产量小幅上升。2014 年我国大豆产量 1215 万吨，同比增加 20 万吨，增幅为 1.7%。但大豆种植收益较低，农民种植意愿较弱，种植面积仍处于 30 年来低位。2014 年国产大豆产量处于 1993 年以来的次低水平。受大豆进口量增加影响，2014 年我国大豆新增供给总量为 8355 万吨，同比增加 822 万吨，增幅 10.9%，达到历史新高。

大豆消费量继续增长，出口量总体平稳。2014年国内大豆消费增长主要受以下因素拉动：一是养殖业继续向规模化发展，促进了豆粕需求的上升；二是除豆粕之外的其他品种蛋白粕供给增长较慢，且与豆粕价格相比缺乏优势，导致豆粕对其他品种蛋白粕的替代量上升；三是膨化大豆在饲料中的使用增多，进口大豆直接用于饲料的消费量进一步增长。全年国内大豆榨油消费量为6900万吨，同比增加500万吨，增幅 7.8%。其中进口大豆榨油消费量为 6650 万吨，同比增加 550 万吨，增幅 9.0%；国产大豆榨油消费量为 250 万吨，同比减少 50 万吨，降幅 16.7%。国产大豆榨油消费下降的主要原因是价格高于进口大豆，榨油亏损较大，东北地区油厂开工率普遍处于较低水平。大豆食用及工业消费继续增长。全年我国大豆食用及工业消费量为 1080 万吨，同比增加 30 万吨，增幅 2.9%。制作饲料膨化大豆消费量为 200 万吨，同比增加 50 万吨，增幅为 33.3%。受大豆种植意愿不足影响，2014 年我国大豆种用消费下降，为 45 万吨，同比减少 3 万吨，降幅 6.3%。全年大豆需求总量 8246 万吨，同比增加 577 万吨，增幅 7.5%。

2. 大豆市场价格走势及成因

2014 年国内大豆价格趋势总体向下，其中进口大豆年末价格明显低于年初，是拉动价格下降的主要动力。受国内大豆种植成本上升及政策因素支撑，全年国产大豆价格走势总体强于进口大豆，国产大豆价格与进口大豆到港成本的价差不断扩大。总的来看，2014 年我国大豆价格走势可分两个阶段。

第一阶段是 1~5 月底，我国大豆价格呈现窄幅波动走势。在这一阶段，南美大豆产量虽然丰收，但实际产量低于最初预期，对国际市场价格形成支撑。其中巴西大豆实际产量为 8670 万吨，阿根廷产量为 5400 万吨，分别比年初市场预期值低 130 万吨和 50 万吨。阿根廷农民惜售大豆，实际供给量低于产量，市场对美国大豆依赖程度较高，美国大豆出口强劲，使南美大豆丰收对市场的影响延后。我国大豆进口步伐较快，1~5 月份累计进口大豆量达到 2782 万吨，同比增加 35.3%，国内大豆供给充足。据监测，5 月底，哈尔滨地区油厂大豆收购价格 4300 元 / 吨，比年初上升 40 元 / 吨，涨幅 0.9%；青岛港进口大豆分销价格为 4000 元 / 吨，比年初价格下降 100 元 / 吨，降幅 2.4%；5 月底订货的进口大豆完税成本为 4300 元 / 吨，比年初上涨 60 元 / 吨，涨幅 1.4%。在这一阶段，国产大豆价格降幅及波动频率小于进口大豆，临储大豆收购对国产大豆价格起到稳定作用。

第二阶段是 6 月初 ~12 月底，我国大豆价格明显下降。在这一阶段，美国大豆实际播种面积达到 8370 万英亩，同比增加 686 万英亩，并高于此前 8149 万英亩意向种植面积调查值。美国大豆产区天气有利于大豆生长，大豆单产达到 47.8 英亩 / 蒲式耳，同比增加 8.6%，大豆总产量达到1.08亿吨，同比增加1662万吨。充足的供给对进口大豆价格形成抑制。我国对国产大豆实行目标价格政策，大豆种植成本的上升使农民出售大豆意愿较弱，国产大豆价格走势波动相对较小。据监测，12月底哈尔滨地区油厂大豆收购价格3860元/吨，比5月底下降440元/吨，降幅10.2%；青岛港进口大豆分销价格为3350元/吨，比5月底下降650元/吨，降幅16.3%；12月底订货的进口大豆完税成本为3360元/吨，比5月底下降940元/吨，降幅21.9%。在这一阶段，国产大豆与进口大豆到港成本的价差明显扩大，由5月底的零价差扩大到12月底的500元/吨，国产大豆在榨油领域的消费受到抑制。

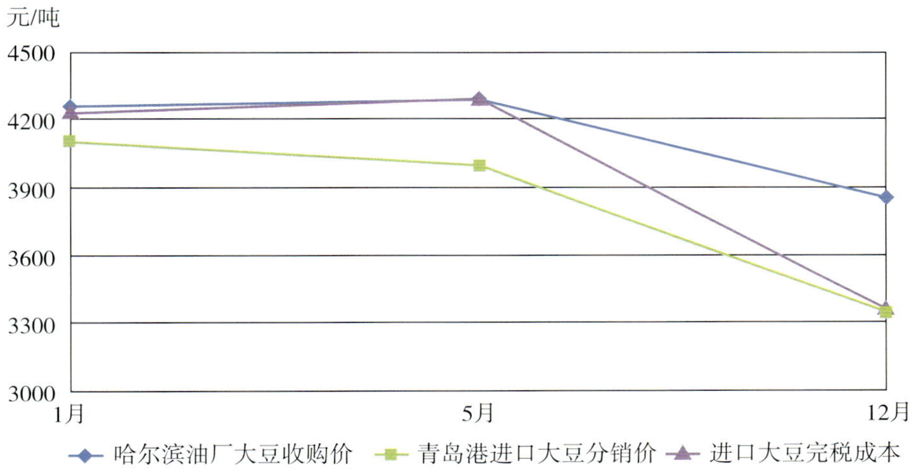

图2-5 2014年国内大豆市场价格走势

(二)食用油脂油料供求形势分析

受花生产量下降的影响，2014年我国油料总产量在连续六年增加后首次出现下降。当年我国食用油籽进口量继续增加，并连续第三年超过国内油籽总产量，植物油进口量连续第二年减少。2014年我国植物油消费需求继续增加，但消费增速有所放缓。由于大豆和油菜籽进口量以及国内油料压榨量大幅增加，当年植物油供应继续保持充裕局面。2014年国家对油菜籽继续实行临储收购，油菜籽价格呈现小幅波动走势；当年由于国家取消大豆临储收购，实行目标价格补贴试点政策，新产大豆上市后，收购价格呈现不断下降的走势。1~4月份受国际市场大豆和油菜籽价格上涨的影响，国内蛋白粕和植物油价格维持震荡运行；5~8月份因国际市场油脂油料价格不断下跌，国内植物油和蛋白粕价格呈现下降走势；9~12月份国际市场油脂油料价格维持弱势运行，国内蛋白粕和植物油价格低位震荡。

1. 油料和油籽总产量小幅下降

2014年我国油料（不包含棉籽和大豆）总

产量为3508万吨，比上年下降0.3%，连续6年增产后，首次出现下降。其中，油菜籽总产量为1477万吨，比上年增长2.1%；花生总产量为1648万吨，比上年下降2.9%。

2014年我国大豆播种面积稳中有增，由于最大主产省黑龙江地区的大豆单产和产量明显增加，大豆总产量出现恢复性增加。当年全国大豆总产量达到1215万吨，比上年增长1.7%。由于棉花播种面积和产量下降，2014年我国棉籽产量出现下降，国家粮油信息中心估计当年棉籽总产量为1109万吨，比上年下降2.2%。2014年我国油籽总产量（油料加上大豆和棉籽）为5832万吨，比上年下降14万吨，降幅为0.2%。扣除油籽种子、食用和出口，2014年国产油籽折油总产量在1165万吨左右（包括玉米油、米糠油等其他非油籽作物产油）。

2. 油脂油料供应量继续增加

2014年我国油籽油料总产量小幅下降，国内产不足需的局面继续存在。但由于国内油料压榨能力不断增加，植物油和蛋白粕消费需求继续增长，带动油籽油料进口量和压榨量大幅增加。虽然当年植物油进口量继续减少，但油脂油料供应量仍较上年大幅度提高。

3. 国内油脂油料价格走势及成因

2014年国内油脂油料价格走势分为三个阶段：

第一阶段（1月初到4月底）：受国家托市收购大豆和国际市场大豆价格上涨的影响，国内大豆价格保持坚挺，植物油和蛋白粕价格维持震荡运行。沿海地区一级豆油价格在6800~7200元/吨之间震荡运行，24度棕榈油价格在5800~6200元/吨之间震荡运行，长江流域四级菜油价格在7200~7600元/吨之间震荡运行，沿海地区43%蛋白豆粕价格在3500~3900元/吨震荡运行。

第二阶段（5月初到8月底）：受南美大豆产量大幅增加、美国大豆预期丰收和全球植物油产量大幅增加的影响，国际市场油脂油料震荡下跌，带动国内植物油价格不断回落。沿海地区一级豆油价格由5月初的6800~7000元/吨下跌至8月底的5800~5900元/吨，24度棕榈油价格由5月初的5800~5900元/吨下跌至8月底的5300~5400元/吨。长江流域四级菜籽油价格由5月初的7200~7400元/吨下跌至8月底的5900~6100元/吨。沿海地区43%蛋白豆粕价格从5月初的3800~3900元/吨下跌至8月底的3400-3500元/吨。

第三阶段（9月初到12月底）：国际市场油脂油料价格小幅波动，国内植物油价格维持低位震荡运行。沿海地区一级豆油价格在5700~6000元/吨之间震荡运行，24度棕榈油价格在4900~5400元/吨之间震荡运行。长江流域四级菜油价格在5700~6100元/吨之间震荡运行。沿海地区43%蛋白豆粕价格在3150~3550元/吨震荡运行。

4. 油脂油料市场主要调控政策

2014年5月底，临时存储油菜籽收购政策出台，国标三等油菜籽收购价格为5100元/吨，与上年持平。由中储粮总公司按照国家规定的价格委托企业收购油菜籽，并加工成临时存储菜籽油。当年国家下达临储油菜籽收购计划500万吨。

2014年国家取消临储大豆收购政策，对东北和内蒙古地区大豆实行目标价格补贴试点，国标三等大豆目标价格为 4800 元 / 吨，较上年临储大豆收购价格提高 200 元 / 吨。

为满足国产大豆市场供应，2014 年 5~8 月份有关部门在安徽粮食交易批发市场及联网市场公开竞价销售国家临时存储大豆，累计成交临储大豆 248 万吨。

注：文中引用的 2014 年产量、需求及现货价格数据来自国家粮油信息中心，进口数据来自海关总署。

第三部分

粮食质量与安全

一 总体状况

2014年，国家粮食局继续组织开展小麦、稻谷、玉米、大豆和油菜籽等主要粮食油料品种质量集中会检工作。在新粮收获后第一时间从农户采集样品8400余份，获得检验数据9.2万个，全面及时掌握20个省200多个地市的800多个县（区）新收获粮食质量状况。此外，14个省（区、市）粮食行政管理部门组织开展了优质和专用粮食品种质量测报工作，共采集样品8013份，扦样范围累计覆盖152个市700多个县（区），获得检验数据13.5万个。

从新收获粮食主要品种看，会检各省区早籼稻整体质量基本正常，中晚籼稻总体质量良好，粳稻总体质量为近年来较好水平，小麦总体质量较好，玉米总体质量较正常年景有所下降，大豆整体质量为近年来较好，油菜籽含油量均为近年来最好水平。

从优质和专用粮食品种看，抽检各省区优质早籼稻品种达标率仍然偏低；中晚籼稻品种全项目符合国家优质籼稻标准的比例依然不高；优质粳稻品种全项目符合国家优质粳稻标准的比例，大部分省（区）均较上年有所下降；优质（优良）小麦品种，小部分省区品质指标均较上年有所降低；玉米样品符合淀粉发酵工业用玉米国家标准中等以上要求的比例为60.1%；大豆样品符合高油大豆三等标准和高蛋白大豆三等标准的比例均较往年有大幅度提高。

二 主要粮食品种收获质量

（一）早籼稻

2014年，安徽、江西、湖北、湖南、广东、广西6省（区）共采集检验早籼稻样品608份，样品覆盖62市191县。会检结果表明：上述6省（区）早籼稻整体质量基本正常。部分省受厄尔尼诺气候影响，早籼稻灌浆期间气温较常年偏低，籽粒饱满度有所下降，整精米率较正常年景有所降低。安徽、广东2省中等（含）以上比例为近年来较好水平。江西、湖北、湖南、广西4省（区）中等（含）以上比例较去年均有所下降。

6省（区）全部样品检测结果为：出糙率平均值77.9%，一等至五等的比例分别为41.1%、37.2%、14.0%、4.9%、1.5%，等外品为1.3%，中等（三等）以上的占92.3%，一等品较上年提高11个百分点；整精米率较往年有所下降，6省平均值51.3%，其中达到三等要求（44%）的占80%，达到一等要求（50%）的占60%；

不完善粒含量平均值 4.3%，与正常年景相当。

(二)中晚籼稻

2014 年，安徽、江西、河南、湖北、湖南、广东、广西、四川 8 省（区）共采集检验样品 1844 份，样品覆盖 97 市 381 县（区）。会检结果表明：上述 8 省（区）中晚籼稻总体质量良好，整精米率正常，中等以上比例达到 95%。其中，广东、四川整精米率较往年有所下降；安徽、江西、河南、湖北、湖南、广西整体质量与正常年景相当。

8 省（区）全部样品检测结果为：出糙率平均值 78.2%，一等至五等的比例分别为 37.2%、42.0%、15.8%、3.6%、0.7%，等外品为 0.7%，中等以上的（出糙率在 75% 以上）占 95%，与正常年景相当；整精米率平均值 60.0%，其中不低于 50%（一等）的比例为 90.2%，不低于 44%（三等）的比例为 96.1%，均属正常水平；谷外糙米含量平均值 0.3%，超标（大于 2.0%）比例 1.2%。

(三)粳稻

2014 年，辽宁、吉林、黑龙江、江苏、安徽 5 省共采集检验样品 975 份，样品覆盖 48 市 134 个县和农垦总局的 6 个分局。会检结果表明：上述 5 省粳稻总体质量为近年来较好水平，一等品比例接近八成，较正常年景高一成。整精米率达到中等以上比例为近年来最高水平。其中，吉林、黑龙江 2 省一等品比例较正常年景提高 25~30 个百分点；辽宁全部为中等品以上；江苏、安徽 2 省一等品比例有所下降，整精米率正常，谷外糙米含量增加。

5 省全部样品检测结果为：出糙率平均值 82.2%，一等至五等的比例分别为 78.7%、15.9%、3.9%、1.3%、0.2%，无等外品，中等以上占 98.5%，其中一等品比例为 78.7%，为近年来较高水平；整精米率平均值 70.8%，不低于 61%（一等）的比例为 96.6%，不低于 55%（三等）的比例为 99.6%；谷外糙米含量平均 1.4%，超标比例 21.3%。

(四)小麦

2014 年，河北、山西、江苏、安徽、山东、河南、湖北、四川、陕西 9 个夏收小麦主产省共采集小麦样品 2019 份，样品覆盖 86 个市的 386 个主产县（区）。

从检验结果看，除四川外，其他 8 省小麦生长和收获期间气候整体正常，总体质量较好。江苏、河南、湖北 3 省小麦总体质量为近年来最好水平，容重、千粒重和等级比例均好于上年，一等品所占比例明显高于往年；安徽总体质量较好，容重、等级比例略低于去年，千粒重为近年来最高水平；河北、山西、山东、陕西总体质量较好，容重、等级比例与正常年景相当；四川省入春以后，降雨天气较多，部分地区小麦抽穗扬花期间连续阴雨，造成当年小麦整体质量为近年来最低，等级下降明显，发芽粒较高。

9 省全部样品检验结果为：容重变幅 664~847g/L，平均值 785g/L，一等至五等的比例分别为 47.3%、34.2%、13.3%、3.4%、1.1%，等外品占 0.7%，中等（三等）以上的占 94.8%；千粒重变幅 28.3~60.6g，平均值 44.6g；硬度指数变幅 34.6~79.2，平均值 63；

不完善粒平均值4.2%，不完善粒符合国标要求（≤10%）的比例为94.3%；降落数值变幅107s~425s，平均值349s。

（五）玉米

2014年，河北、山西、内蒙古、辽宁、吉林、黑龙江、山东、河南、陕西9省（区）共采集检验样品2336份，样品覆盖104市的490个县和农垦总局的4个分局。

从检验结果看，9省（区）玉米总体质量较正常年景有所下降，其中一等品比例较2013年下降了10个百分点，中等以上比例与正常年景相当；不完善粒含量较正常年景偏高。其中，河北、山西、辽宁整体质量较好，不完善粒含量正常；山东、河南、陕西一等品比例较去年下降20个百分点左右；内蒙古、吉林、黑龙江受天气影响，生霉粒较多，3省（区）平均值均超过国家标准2%的规定。

9省（区）全部样品检测结果为：容重平均值729g/L，较去年降低近10g/L；一等至五等的比例分别为67.4%、25.8%、6.1%、0.6%、0.1%，无等外品，中等以上比例为99.3%。不完善粒含量平均值4.2%，较去年增加1个百分点，符合中等要求（不超过8.0%）的比例为86.7%，较正常年景下降7个百分点；生霉粒平均值1.8，超标比例为33.6%，较去年增加15个百分点。

（六）大豆

2014年，内蒙古、吉林、黑龙江3省（区）共采集样品236份，样品覆盖3省（区）17市的52个主产县（区）和农垦总局的8个分局。会检结果表明：吉林、黑龙江大豆整体质量为近年来较好，完整粒率为近年最高，损伤粒正常。内蒙古大豆等级下降，损伤粒增加。

3省（区）全部样品检测结果为：完整粒率平均值为90.2%，为近年来最高，变幅69.8%~98.1%，一等至五等的比例分别为18.6%、36.9%、29.2%、11.4%、3.4%，等外品为0.4%，中等以上的占84.7%，近年来首次突破80%；损伤粒率平均值为6.4%，变幅0.0%~21.0%，其中符合等内品要求的（不大于8.0%）比例为71.6%；热损伤粒几乎没有。

（七）油菜籽

2014年，江苏、安徽、江西、河南、湖北、湖南、四川7个油菜籽主产省份，在油菜籽收获后的第一时间采集油菜籽样品206份，样品覆盖38市的93个主产县。从会检数据看，2014年7省油菜籽含油量均为近年来最好水平，全部样品均在四等以上，平均含油量、中等（三等）以上比例均为近年来最高，其中一等品比例接近三成。

7省全部样品检测结果为：含油量平均值40.5%，较往年提高2个百分点左右，变幅36.0%~47.5%。一等至四等的比例分别为28%、31%、27%、14%；中等以上的占86%，较上年提高约30个百分点，其中一等品比例提高约20个百分点。脂肪酸组成检测结果表明，全部样品中芥酸含量不超过3.0%的比例为38%。

三 优质和专用粮食品种质量

(一)早籼稻

2014年，调查优质早籼稻品种达标率仍然偏低。湖北省早籼稻调查品种全项目没有符合国家优质籼稻的样品，较去年有所下降，部分样品的垩白指标达标，外观较好，但直链淀粉含量偏高；广东省早稻全项符合国家优质籼稻标准的比例为10.0%，较上年降低5.4个百分点。

(二)中晚籼稻

2014年，浙江、湖北、广东、云南4省调查优质（优良）中晚籼稻品种，全项目符合国家优质籼稻标准的比例为：浙江23.8%，较上年下降18.0个百分点，垩白度和垩白粒率过高和直链淀粉含量偏低仍是限制达标率的主要因素，整精米率上升了2.5个百分点，其他各项指标合格率与上年基本持平；湖北4.9%，较上年提高3.7个百分点，垩白粒率、垩白度是限制优质稻整体达标率的主要因素，整精米率低、不完善粒较高也影响了优质稻达标率；广东52.4%，较上年降低3个百分点，垩白度和不完善粒等指标是限制优质晚稻达标率的主要因素；云南没有符合国家优质籼稻的样品。

(三)粳稻

2014年，辽宁、吉林、黑龙江、江苏、浙江、云南、宁夏7省（区）优质粳稻品种，全项目符合国家优质粳稻标准的比例，辽宁35%，比2013年降低12%。其中，除了垩白粒率达标率略高于2013年，食味品质达标率与去年持平外，其余指标达标率均低于2013年；吉林44.1%，较上年略有下降；黑龙江大部分指标达到了国家优质粳稻标准；江苏11.4%，较上年有所下降；浙江24.9%，较上年上升了19.6个百分点，垩白度和垩白粒率过高仍是限制达标率的主要因素，直链淀粉含量较低、不完善粒较高也影响了达标率；宁夏32.5%。

(四)小麦

2014年，各省调查的优质（优良）小麦品种，湖北符合强筋小麦国家标准比例为1.7%，符合弱筋小麦国家标准比例为15.5%，比上年提高2.9个百分点，粗蛋白质是限制达标率的主要因素；山东大部分小麦属于中筋小麦，适合做馒头或面条，降落数值偏高，生芽粒含量比较低，粗蛋白含量范围比较广，湿面筋含量较高；河南符合强筋小麦国家标准比例为0.8%；陕西由于受气候影响，小麦湿面筋含量、面筋指数、稳定时间、拉伸面积等品质指标均较去年有所降低；宁夏符合中强筋小麦品质指标要求的比例为8.7%，全项符合中筋小麦要求的比例为78.3%；新疆符合强筋小麦二等以上比例为8.3%，符合优强筋小麦一等标准比例0.6%。

（五）玉米

2014 年，河北、山西、内蒙古、辽宁、吉林、黑龙江、山东、河南、陕西 9 省（区）样品淀粉含量平均值 72.7%，变幅 69.4%~78.4%，符合淀粉发酵工业用玉米国家标准（GB/T 8613-1999）中等（不低于 72%）以上要求的比例为 60.1%；粗蛋白质含量平均值 9.0%，变幅 6.3%~12.1%；粗脂肪含量平均值 4.3%，变幅 3.1%~6.4%。

（六）大豆

2014 年，内蒙古、吉林、黑龙江 3 省（区）调查样品粗脂肪、粗蛋白含量平均分别为 20.4%（干基，下同）和 40.0%，均与上年有所增加，符合高油大豆三等标准（粗脂肪含量≥ 20%）和高蛋白大豆三等标准（粗蛋白含量≥ 40%）的比例分别为 69.9% 和 58.4%，均较往年有大幅度提高。

第四部分

粮食市场监管

一 粮食仓储管理

(一) 围绕“储粮安全”和“生产安全”不断提升科学管理水平，夯实粮食仓储管理基础

摸清家底，开展粮食仓储设施专项调查工作。为全面摸清我国粮食仓储设施基本情况，2014 年 8 月，国家粮食局启动了全国粮食仓储设施专项调查工作。此次专项调查实行“在地原则”和“全覆盖原则”，将不同企业性质、不同业务类型和功能属性的涉粮企业全部纳入调查范围。通过调查，较全面地摸清了我国各类粮食企业仓储设施的总量、布局、结构和利用情况，各地基本建立起粮食仓储设施管理档案。专项调查工作的开展，也为实施“粮安工程”、1000 亿斤仓容建设、“危仓老库”维修改造、粮食行业“十三五”规划等重点工作奠定了基础、提供了依据，有助于全面推进依法治粮和信息化管粮进程，更好地服务于国家粮食安全新战略。

加强露天储粮监管力度，确保储粮安全。针对东北三省和内蒙古自治区露天储粮数量多、安全监管压力大的状况，2014 年，国家粮食局两次联合有关部门并组织专家赴东北地区开展露天储粮专项检查调研，指导相关地区及企业做好露天储粮安全管理工作。持续实施“露天储粮防护改造进展月度统计上报”制度，对露天储粮数量、露天囤（垛）防火改造等情况实施动态跟踪监管，督促加快防火改造进度，协调加快露天储粮调销、移库力度等。2014 年，东北地区露天储粮数量基本呈逐月减少态势，露天囤（垛）的防火改造工作取得了明显效果，有效保证了储粮安全。

强化安全生产管理，确保生产安全。2014 年，粮食行业认真落实国务院安委会、国家安监总局有关工作要求和部署，强化责任，加大力度，先后在行业内组织开展了安全生产大检查、粉尘防爆专项检查、消防安全专项整治等行动，安全生产工作基础得到进一步夯实，安全生产形势总体平稳。但是，仍然发生了多起粮堆埋人、机械设备事故，安全生产形势依然严峻复杂、不容乐观。为进一步强化安全生产管理，一方面，及时调查、通报典型事故案例，总结经验教训。另一方面，加强与有关部门的协同联动，多次与国家安监总局、国资委沟通安全监管工作措施并开展联合检查，先后约谈中储粮总公司、中粮集团有限公司，粮食行业安全生产“齐抓共管”的管理机制初步建立。同时，继续加强安全生产相关法律法规、标准规范的培训宣贯力度，确保粮食行业安全生产重要规章制度得到贯彻落实，促进行业科学发展、安全发展。

弘扬“四无粮仓”行业精神，不断提升仓储管理水平。2014 年 7 月，国家粮食局在浙江杭州召开“四无粮仓”创建 60 周年纪念座谈会，将“创业、创新、节俭、奉献”的“四无粮仓”精神和“宁流千滴汗，不坏一粒粮”的优良传统确立为粮食行业的核心价值

观和行业精神。通过纪念座谈活动，传承“四无粮仓”精神，凝聚起“守住管好天下粮仓”的强大信心和力量，进一步激发粮食行业创新仓储管理模式，推动粮食仓储管理向规范化、标准化、精细化再迈新台阶。

（二）持续实施中央储备粮代储资格认定制度，确保中央储备粮质量良好和储存安全

1. 中央储备粮代储资格认定情况

2014 年，全国共有 147 户企业通过了中央储备粮代储资格新申请（含补充申请）审核。其中，粮食类通过审核企业 131 户，取得资格仓容 670 万吨；油脂类通过审核企业 16 户，取得资格罐容 31 万吨。共有 155 户企业延续申请通过审核，73 户企业通过了资格条件变更申请。

截至 2014 年年底，全国共有 2178 户代储资格企业。其中：粮食类企业 1973 户，资格仓容 1.06 亿吨；油脂类企业 205 户，资格罐容 358 万吨。新增资格企业 92 户、资格仓容 670 万吨、资格罐容 31 万吨。

2. 中央储备粮代储资格认定制度执行情况

2003 年 8 月，国务院发布了《中央储备粮管理条例》，建立了中央储备粮代储资格认定制度。制度实施 10 多年来，国家粮食局已开展了 19 批中央储备粮代储资格认定工作。其间，各地按照代储资格认定的标准和条件，加大仓储设施建设和改造力度，提高设施设备装备水平，规范中央储备粮库存管理行为，为保证中央储备粮的数量安全、质量良好，确保国家粮食安全提供了有力保障。

随着粮食流通体制改革的不断深化和宏观调控形势的变化，中央储备粮管理出现一些新情况、新问题。有关部门取消关于“地方粮库划转中央直属粮食储备库（站）审批”项目后，中储粮总公司直属企业扩张速度加快，中央储备粮“直储”规模不断增加，“代储”规模逐渐萎缩。与此同时，地方粮食企业申报中央储备粮代储资格的积极性仍较高。近 5 年来，国家粮食局平均每年受理企业申请 500 户左右，平均每年通过审批认定约 300 户，各地取得中央储备粮代储资格的企业数量及资格仓（罐）容逐年增加。“中央储备粮代储资格”除了作为企业开展中央储备粮代储业务的必备条件之外，企业同等条件下可优先参与托市等政策性粮食收储业务，“中央储备粮代储资格”更多成为企业软硬件条件水平较为规范先进的一种象征和荣誉。

二　粮食流通秩序规范

2014 年，全国粮食监督检查工作认真贯彻党的十八大和十八届三中、四中全会精神，按照“守住管好‘天下粮仓’，做好‘广积粮、积好粮、好积粮’三篇文章”的总部署，紧紧围

绕全国粮食流通中心工作和重点任务，依法开展监督检查，切实规范粮食流通秩序。

（一）狠抓收购督导检查，保障粮食收购顺利进行

在粮食连年增产、市场粮价下行压力增大、政策性粮食收购任务十分繁重的情况下，围绕“抓收购”中心工作，狠抓督导检查，检查工作与收购工作同步开展。夏季粮油收购期间，国家粮食局制定下发了督导检查工作方案，协调组织6个督导检查组，由局领导带队，赴10余省份对小麦、早籼稻最低收购价和油菜籽临时收储政策落实情况进行督导检查。秋粮上市后，结合落实国务院第52次常务会议精神，又组织对部分主产区秋粮收购政策落实情况进行督导。为规范租仓储粮行为，研究起草了《关于租赁社会粮食仓储设施收储国家政策性粮食的指导意见（试行）》。组织开展国家临储粮风险排查，责成中储粮总公司会同东北三省和内蒙古粮食局，对2013年国家临时存储玉米和大豆储粮安全隐患和资金管理风险进行全面排查，确保国家临储政策落实到位。各地和有关央企不断加大对粮食收储企业执行国家粮食收购政策和“五要五不准”收购守则情况的监督检查。在政策性粮食收购任务重、部分地区收储压力大、粮食新陈价差拉大等情况下，通过开展收购检查，有效地规范了粮食收购市场经营主体行为，保护了种粮农民利益，维护了收购市场的平稳运行。

（二）坚持问题导向，增强粮食库存检查效果

国家粮食局会同国家有关部门联合组织开展了2014年全国粮食库存检查，委托天津、黑龙江、福建、江西、广东、海南、云南、陕西、宁夏、新疆10省（区、市）省级和地（市）级粮食部门在地检查中央储备粮库存。其间，国家粮食局领导对重点省检查工作进行了巡查指导，国家有关部门派出联合工作组，在执行委托检查任务的10省（区、市）中选择5个重点省份进行了抽查，并对各地检查工作进行评估。检查发现中央和地方事权粮食库存管理问题共计757个，向中储粮总公司和各省（区、市）粮食部门下达了书面整改通知，督促严肃整改。通过粮食库存检查，不断夯实宏观调控物质基础，达到了“以检查促整改、以整改强管理”的目的。结合库存检查还组织开展了地方储备粮规模调查摸底工作，摸清了地方储备规模到位的实底，发现并纠正了地方储备粮管理中存在的问题，促进了地方储备粮规模及时到位和规范管理，为国家有关部门决策提供了重要的参考依据。

（三）加大对“出库难”问题的整治力度，确保市场粮食有效供给

国家粮食局督促指导各地粮食部门加大对“出库难”问题的整治力度，严肃查处拖延阻挠出库、索取不合理费用等违规行为，确保国家促销压库、腾仓移库、政策性粮食拍卖等粮食宏观调控工作的开展。针对问题突出地区，加大督导力度。7月底，派员赴河南对群众举报反映个别企业在真菌毒素超标小麦销售出库中设置障碍有关问题进行督察，并召开现场会。9月底，下发《关于强化真菌毒素超标小麦销售出库专项核查的紧急通知》，责成河南省粮食局

和中储粮河南分公司联合强化对超标小麦销售出库难问题逐一进行专项整治。各地粮食部门严格督促粮食收储企业认真履行出库义务，严格执行国家粮食质量标准，积极协调妥善处理商务纠纷，加大监督检查力度，力争快出库、多腾仓。各级粮食部门针对问题突出地区和企业，加大督导力度，强化超标小麦销售出库难问题整治，坚决查处在粮食销售出库中设置障碍、阻挠出库、乱收费用等行为，确保成交粮食及时顺畅出库。总体看，政策性粮食出库顺畅，保证了市场供应。

（四）严厉查处“打白条”等涉粮案件，切实保护农民利益

2014 年各级粮食部门坚守保护种粮农民利益的根本使命，守住农民“种粮卖得出”的底线，不断加大对粮食收储企业执行国家粮食收购政策和“五要五不准”收购守则情况的监督检查，严肃查处“打白条”违法违规行为。全年各级粮食部门共查处了 39 起拖欠种粮农民售粮款案件。涉及农户 1352 户，涉粮金额 4837.5 万元，涉案粮食数量 2.1 万吨。对不遵守国家粮食收购政策，“打白条”损害种粮农民利益的企业和责任人进行了严厉查办。同时，国家粮食局高度关注网络舆情，通过局长信箱、局办值班电话等畅通举报投诉渠道，及时受理群众举报，加大了国家局派员直接查办重点案件的力度。2014 年共受理涉粮案件 40 件，其中按照国务院领导和国家粮食局领导的批示直接查办 8 件，结合粮食库存部门联合抽查直接查办 6 件，直接查办案件比上年增加了 1 倍。对国务院领导同志和国家粮食局领导批示的上海“中央储备粮代储环节存在监管漏洞”，山西省部分储备粮库“空库”“虫库”，黑龙江虎林市迎春双盈储运有限公司在稻谷“三代”业务中低收高转、以陈顶新，江苏徐州柳泉粮管所套取收购资金，江苏盱眙拖欠农民售粮款等重大案件派员进行了实地核查和督察，并将有关典型案件通报全系统。通过案件查办起到了较好的警示和震慑作用，保护了种粮农民利益，规范了粮食经营行为，促进了国家粮食购销政策的落实。

（五）组织开展“转圈粮”专项整治行动，规范政策性粮食收储行为

“转圈粮”问题隐蔽性强、危害大，一直是监督检查工作的重点和难点。按照国务院领导同志的批示要求，为坚决有力整治这一顽疾，国家粮食局在全国开展了“转圈粮”专项治理工作。在深入剖析历年“转圈粮”典型案件的基础上，梳理出“转圈粮”的主要操作手法，提出有针对性的检查方法，指导各地扎实有效地开展了专项整治工作。各级粮食部门高度重视，认真制订专项整治工作方案，明确责任分工，突出检查工作的问题导向，加强对相关政策措施和管理制度落实情况的检查，对基层粮油企业进行一次“合规性”体检，查找违规隐患，对检查发现的趋势性、苗头性问题给予了及时纠正处理，严肃查处了违法违规行为，在粮食新陈价差较大的情况下，“转圈粮”举报案件数量明显减少，整治行动取得了显著成效。

三 粮食质量安全监管

2014年，各级粮食部门紧紧围绕粮食流通工作中心任务，按照确定的粮食质量安全重点工作的部署，积极开展监管工作，认真履行监管职责，推进依法治粮，为确保粮食质量安全作出了新的贡献，圆满完成了各项任务。

(一)积极完善粮食质量安全制度体系

国家粮食局制定印发了《国家粮食局粮食质量安全事故（事件）应急处置预案》，旨在构建统一指挥、反应灵敏、保障有力、运转高效的粮食质量安全突发事故（事件）应急体系。完成《粮食质量监管实施办法（试行）》和《关于执行粮油质量国家标准有关问题的规定》的修订工作，已按程序报有关部门。完善粮食质量安全监管工作评估考核机制，对2013年全国粮食质量安全工作进行了全面考核。北京、河北、黑龙江、安徽、河南、湖北、广东、青海、宁夏等省（区、市）分别制定、修订了当地有关粮食质量安全管理规章制度，对重大粮油质量安全事故处置、粮食质检体系建设、粮食质量抽检、粮食质量安全事故（事件）应急处置等工作的要求进行了进一步的完善。

(二)妥善处置生霉玉米收购问题

在开展政策性粮食收购前，国家粮食局发文要求各地积极采取措施，加强宣传，减少"地趴粮"数量和玉米霉变损失；积极协调解决东北地区生霉玉米收购问题，会同有关部门和单位及时调整玉米收购生霉粒标准，确保收购工作得到顺利推进，帮助农民迅速销售收获新粮，减少损失，保证合格粮食及时颗粒归仓，切实维护了农民利益。黑龙江、吉林第一时间开展了全省范围玉米生霉粒摸底调查，为及时制定质价政策提供了依据。

(三)切实加大粮食质量安全监管力度

1. 稳步推进粮食质量安全专项监测检查

2014年，各级粮食部门切实抓好收获粮食质量安全监测和库存粮食质量安全检查专项工作。国家粮食局部署全国采集和检验新收获粮食和油料样品1.2万份，对小麦、稻谷、玉米、大豆和油菜籽的常规质量、内在品质、主要食品安全指标进行全面监测，监测结果通报有关部门，实现信息共享，共同保障粮食质量安全。部署在全国31个省份645个粮食存储企业抽检样品2274份，代表数量444万吨，获得库存粮食的质量、储存品质等检验数据5.1万个。通过专项检查，及时掌握了库存粮食质量总体情况，对个别库点存在的储粮安全隐患采取了有效措施进行消除，对存在质量安全问题的粮食进行了妥善处置，防止不符合食品安全标准的粮食流入口粮市场。

辽宁、黑龙江、江苏、山东、湖北、湖南、贵州、云南等省在完成国家粮食质量安全监测任务基础上，通过扩大采样数量，强化地方监测。据统计，各级粮食部门累计采集监测样品

8276份，获得检验数据11.6万个，较全面地掌握2014年新收获粮食质量安全状况。

有关省份继续加强质量调查和品质测报工作，及时将调查测报结果通过媒体、网站等各种途径向农户、消费者、企业发布，促进优质粮食品种种植结构调整和产销衔接。辽宁、吉林、黑龙江、江苏、河南、广东、陕西等省粮食行政管理部门及有关市粮食局专门编制了质量报告，发布公众信息。重庆、贵州、云南、西藏等省（区、市），积极主动自行开展了质量调查和品质测报工作。

2. 突出抓好政策性成品粮油质量安全监管

在做好原粮质量安全监管工作的同时，各地粮食部门加大了政策性成品粮油质量安全监管力度，通过专项检查、随机抽查和日常抽检等多种方式，保障放心粮油、平价粮油、帮困粮油、军供粮、救灾粮等政策性成品粮的质量安全。福建省粮食局配合有关部门开展了防止“餐桌污染”专项检查，对在售粮油产品质量安全进行了抽查监测。

（四）全面推进粮食质量安全检验监测体系建设

国家粮食局申请2014年中央预算资金2亿元，为89个国家粮食质量监测机构配置了仪器设备，“十二五”期间累计已完成投资14亿元，其中中央投资7亿元，地方配套7亿元，共有279个国家粮食质量监测机构硬件实现跨越式提升。各地粮食部门也积极争取同级财政支持，努力为当地监测机构的升级改造提供条件。同时，山西、四川、广东、重庆、青海、云南、甘肃、西藏等省（区、市）克服当地基础较为薄弱的困难，积极恢复或新建检验机构，全年新增及恢复检验机构34家，其中市级19家，县级15家。本年度有36家机构转为全额拨款事业单位，网络覆盖有明显改观。截至2014年年底，全国粮食系统共有专业检验机构800家，其中省级机构33家，市级机构293家，县级机构474家，已取得计量认证的452家；全国粮食质检机构在岗人员近6000人，其中专业技术人员4000余人，具有中级以上职称的近40%。各级检测机构全年检测样品近40万份，在保障国家粮食质量安全，保障消费者“舌尖上的安全”方面发挥了重要作用。

（五）全面开展粮油食品质量安全宣传

在全国范围内开展“食品安全宣传周”和“放心粮油”宣传活动。统一编写了科普宣传手册，开展“放心粮油”粮食科普进社区、进校园、进军营等宣传活动，在公共场所开展现场宣传，展示粮油产品，开展各类爱粮节粮专题讲座，举办粮油科研质检实验室开放活动，让群众了解粮油质量检验和品质鉴别等科学常识。配合做好2014年“世界粮食日”和“全国爱粮节粮宣传周”活动，发起了“标准进企业”行动，引导企业在生产中践行适度加工的理念。

专栏 放心粮油工程实施情况

粮油是人们一日三餐不可缺少的主要食品，粮油质量安全关系人民群众身体健康和生命安全，关系社会和谐安定。2000年年底，个别地方曾发生不法分子使用矿物油抛光大米制售“毒米”的事件，引起社会强烈关注。另据当年国家有关部门对北京、上海、广东等10个省市94种面粉的质量监督检查结果，合格率仅为40%，其中小包装面粉抽样合格率55.8%，大包装面粉抽样合格率27.5%，主要问题是增白剂超标。针对这种状况，中国粮食行业协会自2001年开始组织实施“放心粮油工程”，并逐步发展成为全国粮食部门的一项重点工程，取得了良好成效。

中国粮食行业协会通过举办各种会议、培训班等形式，面向粮油企业开展食品安全法规标准宣贯工作，不断增强企业的法律意识、质量意识、安全意识，促进企业加强管理，严格执行质量标准和卫生标准，确保粮油质量安全。积极组织各地粮食行业协会和粮油企业，充分利用各种节假日以及国家有关部门举办的“质量月”“诚信兴商宣传月”“食品安全宣传周”“科技活动周”等有利时机，面向广大消费者，因地制宜地开展粮油质量安全科普宣传工作，特别是坚持每年开展“放心粮油宣传日”活动，从2012年起国务院食品安全办等多个部门联合举办“全国食品安全宣传周”，将“放心粮油宣传日”列为主要内容之一。

粮油企业具有点多面广、经营分散的特点，大多数企业规模小、工艺设备简单、经营管理粗放。为引导企业加强管理，提高质量，改善服务，大力开展了放心粮油示范企业创建工作，并根据粮油企业生产经营特点，制定了示范企业质量安全管理规则和经营服务规范。截至目前，全国各地共创建示范企业1万多家，包括示范加工企业、示范粮店、示范配送中心、示范主食厨房、示范批发市场等，其中经中国粮食行业协会批准的示范企业1340家，在全行业的食品安全工作中发挥了很好的示范引领作用。

20世纪90年代以来，随着粮食购销放开和国有粮食企业改革，原有粮油供应体系被打破，国营粮店大都“关、停、并、转”，城乡粮油零售市场基本上被个体经济取代。虽然在这一过程中出现了不少超市，但从总体上看，广大农村居民和相当一部分城镇居民购买粮油仍主要依靠个体户和集贸市场，质量安全难以得到保障。为此，大力开展了放心粮油进农村进社区工作，重点推动城乡销售服务网点建设，发展主食厨房、连锁配送。据初步统计，在推进放心粮油进农村进社区工作中，各地共发展销售服务网点24万多个，其中城镇网点14万多个，农村网点10万多个。

信用是市场经济的基石，也是食品安全的前提和保障。2004年，国家食品药品监管局为贯彻国务院关于实施食品药品放心工程的工作部署，决定以粮食、肉类、儿童食品3个行业为试点，开展食品安全信用体系建设试点工作。为此，中国粮食行业协会组织有关企业进行了试点工作，重点是加强企业信用管理基础工作，针对大米加工、小麦粉加工、食用油加工三个行业的不同特点，分别制定了《企业生产经营档案示范文本》，指导企业加强管理，规范经营，在试点企业中试行并在有关企业中推广，取得较好效果。2008年，中国粮食行业协会又被商务部和国资委确定为行业信用评价试点协会，开展行业信用评价试点工作。采取企业自愿申报、省级粮食行业协会审核推荐、第三方机构按照规定的指标体系和评价方法严格测评、中国粮食行业协会最终审定的办法，先后对211家试点企业进行了信用评价，评定了企业信用等级，其中AAA级146家，AA级49家，A级16家。通过开展信用评价试点工作，增强了企业的诚信意识，加强了企业信用管理基础工作，提高了信用水平，也为加强粮油行业信用体系建设摸索了经验，打下了基础。

根据粮油行业特点和粮油企业具体情况，中国粮食行业协会还制定发布了《粮油企业社会责任指引》，提出了粮油企业应履行的包括粮油质量安全在内的各项社会责任的具体内容和要求，引导和促进企业积极履行社会责任。同时，针对不同时期的工作任务和存在问题，配合政府有关部门，引导企业履行责任，服务大局。

经过多年来坚持不懈的努力，放心粮油工程不断发展，越来越深入人心，受到政府、企业、消费者等各方面的肯定和欢迎。如今，放心粮油工程已不仅是全国粮食部门的一项重点工程，而且成为许多省、市、县的一项重要的“民生工程”，列入党委和政府工作计划。通过实施放心粮油工程，有力地促进了粮油企业经营管理水平和产品质量安全水平的提高。根据产品质量国家监督抽查结果，米面油产品抽检总体合格率已经由10多年前的50%左右提升并稳定在近几年的95%以上。

第五部分

粮食宏观调控

一 托市收购

在粮食连续多年丰收的背景下，2014年部分主产区收储矛盾十分突出。由于粮食市场低迷，为切实保护农民利益，促进粮食增产和农民增收，2014年国家在粮食主产区继续实行小麦、稻谷最低收购价政策和油菜籽、玉米临时收储政策。为维护新疆地区粮食市场和社会稳定，国家连续第6年在新疆实施了小麦临时收储政策，由中储粮总公司组织收购。

2014年，国家继续小幅提高小麦、稻谷最低收购价格水平，小麦、早籼稻、中晚籼稻、粳稻最低收购价为每斤1.18元、1.35元、1.38元、1.55元，比2013年每斤分别提高0.06元、0.03元、0.03元、0.05元；油菜籽、玉米临储收购价格水平维持不变，分别为每斤2.55元、1.11~1.13元。

在总结近几年经验的基础上，国家粮食局会同有关部门修改完善并及时公布2014年小麦、早籼稻、中晚稻最低收购价执行预案和油菜籽、玉米临时收储政策，在小麦、稻谷和玉米托市收购中实行了“四共同”，加大了地方政府的责任，以发挥中央和地方两个积极性。

新粮上市后，由于市场价格低于国家规定的收购价格，河南等5省、江西等5省(区)和湖南等10省分别启动了小麦、早籼稻和中晚稻最低收购价执行预案，新疆启动了小麦临储收购，湖北等14省（区）、黑龙江等4省（区）分别启动了油菜籽、玉米国家临时收储。此外，还明确生霉粒超标玉米收储操作原则和办法，帮助农民减损增收。在政策性粮食收购执行期内，共收购政策性粮食14338万吨，政策性粮食收购量和库存均大幅增加。

粮食最低收购价和临时收储政策的实施，对稳定市场粮价发挥了积极的引导作用，保护和调动了广大种粮农民积极性，促进了我国粮食生产稳定发展，增加了农民种粮收益，农民真正得到了实惠，实现了中央提出的促进粮食增产、促进农民增收的政策目标。

二 粮食储备及轮换

（一）中央和地方储备粮油轮换进展顺利

为确保中央储备粮质量良好、储存安全、常储常新，更好地满足市场调控的需要，国家粮食局等部门加强对2013年度中央储备粮油轮换的指导和督促，及时下达2014年度中央储备粮油轮换计划。为缓解主产区收储矛盾，适时安排部分最低收购价和临时存储粮食划转为中央储备轮换粮源、中央储备稻谷省间串换小麦。各地采取有效措施，积极应对市场形势变化对储备轮换带来的不利影响，切实抓好地方储备粮油轮换，较好地发挥了储备粮油吞吐调节作用，保障了储备粮油质量安全。

（二）地方储备增储工作有序推进

按照国务院常务会议精神，国家粮食局会同有关部门研究提出了地方储备粮食增储方案，重新核定了全国分省地方粮食储备规模，作为下限保底计划，要求各地在2015年年底前充实到位，增储比例超过80%的省份在2016年年底前全部充实到位，但在2014年新粮收储季节结束前增储部分至少要落实30%，核定规模经国务院批准后下达各地执行。各地抓住粮食丰收、粮源充裕的有利时机，积极组织采购粮源充实库存，夯实地方政府调控市场的物质基础。2014年年末全国地方储备粮、油库存同比分别增长2.8%、3.7%。到2015年4月底，即2014年新粮收储季节结束前，先期下达的部分增储计划基本落实到位。

三 粮情监测预警

强化粮情监测预警是确保国家粮食安全的一项重要措施。2014年，结合全国粮食动态信息系统和“智慧粮食”建设，按照“统筹规划、分步实施”的原则，粮情监测预警工作稳步推进，在规范信息采集内容、程序和报送渠道，研究设立预警预测模型，开发利用统计信息资源，拓展统计服务渠道，以及丰富统计信息发布内容等方面均取得长足进步，监测、预警和处置能力得到进一步提升。

（一）科学界定统计范围

按照“逐步扩大覆盖面”的原则，重新确定统计报送单位，完善《粮食行业统计基本单位信息名录库》。积极宣传统计法律法规和粮食流通统计制度，加强对入统企业的统计业务指导和沟通协调，营造“依法统计”的良好社会环境。

（二）优化信息监测直报点的布局和数量

根据需要及时调整和增加了监测点数量。作为大豆目标价格改革试点中大豆市场价格监测工作的五家监测单位之一，国家粮食局在东北三省和内蒙古自治区建立了86个大豆市场价格监测直报点，在大豆旺季收购期间每周两次监测报送大豆市场价格信息。

（三）提高监测能力

继续深化粮食流通统计制度改革，加快推进统计应用系统升级改造，切实提高粮食统计信息化水平，大力提升粮食信息的采集效率和质量，努力构建统一高效的粮食监测信息采集、处理体系。

（四）强化预警能力

建立主要粮食品种专家会商机制，定期研究分析国内粮食市场形势，准确研判国内粮食市场变动趋势，及时提出粮食调控措施建议。针对重点热点问题，邀请专家会商，分析研判市场形势，并提出政策建议。探索建立反应灵敏的粮食市场中长期预警预测体系，努力做到“未动先知、未涨先知、未抢先知”。

（五）建立稳定的信息发布渠道

充分利用广播、电视、报刊、杂志、网络等媒介，采用报表、信息和专报等多种形式，建立统一、稳定的信息发布渠道，按照“能放尽放”的原则，及时为国家相关部门和粮食生产者、经营者、消费者等提供信息服务，积极引导国内粮食生产、流通和消费。

四 粮食产销合作

2014 年，各地开展多种形式的产销合作，促进粮食跨区域流通。上海等多省（市）与主产区签订产销合作协议，建立长期稳定的合作关系。黑龙江、福建分别举办了金秋粮食交易合作洽谈会、九省粮食产销协作洽谈会，不少地方还举办了区域性粮食交易洽谈会，全年共签订购销协议 2500 多万吨。浙江大力推动建设省外战略性粮源基地，建设省际间粮食储加销基地，支持省农村发展集团重组黑龙江新良集团，打造粮食“产加储运贸”产业链，同时还引进一批央企和产区粮商设立粮食加工厂和营销网点，并在仓储设施等方面给予支持。四川等省地方政府拿出专项资金，补贴采购省外粮源，保障区域粮食市场供应和价格稳定。根据国务院批准的地方储备粮增储任务，北京等地积极实行地方储备粮异地储备并扩大合作范围。积极实施年度关内企业采购东北地区粳稻和玉米费用补贴政策，引导和促进主产区粮食资源向销区流通，政策执行期内东北粳稻和玉米补贴采购运抵关内地区 3140 万吨。

2015 年，为落实《国务院关于建立健全粮食安全省长责任制的若干意见》有关精神，国家粮食局将进一步完善促进产销合作发展的政策措施。鼓励粮食主销区、产销平衡区按照互惠互利的原则与产区建立多形式、深层次、长期稳定的产销合作关系，不断扩大合作规模和范围。支持企业到主产区投资建设粮源基地和仓储物流设施，开展订单生产、订单收购；产区粮食行政管理部门要鼓励企业在主销区建设仓储物流设施和营销网络，继续为销区企业提供便利和服务，同时主销区要给予必要支持，进一步提升产销合作水平，促进粮食有序顺畅流通。

第六部分

粮食流通体系建设

一 粮食市场体系

（一）2014 年粮食市场体系建设发展情况

2014 年，全国粮食系统认真贯彻十八届三中全会关于“加快完善现代市场体系，建设统一开放、竞争有序的市场体系，切实发挥市场配置资源的决定性作用并更好地发挥政府作用”的决策部署和中央 1 号文件关于“加强农产品市场体系建设”的要求，积极推进粮食批发市场体系建设发展，大力培育和发展多元市场主体，加大政策扶持和资金投入力度，加强市场规范管理，粮食批发市场交易量不断增加，基础设施建设得到明显改善，粮食质量安全管理水平持续提高，信息服务功能不断增强，实现了粮食批发市场体系的健康有序发展。

1. 粮食收购市场

2014 年，在粮食连续多年丰收的背景下，一些主产区收储矛盾十分突出，为破解粮食“收不进、储不下、调不出”的难题，按照国务院第 52 次常务会议的决策部署，国家有关部门进一步完善政策性粮食收储办法，在中晚稻和玉米托市收购中实行“四共同”原则，加大了地方政府的责任，发挥中央和地方两个积极性。同时，积极推进粮食收购市场主体多元化，粮食收购主体迅速增加，截至 2014 年年底，全国具有粮食收购资格的经营者达 9.25 万家；粮食经纪人队伍得到较快发展，在粮食购销市场上桥梁纽带作用充分体现。据调查了解，河北、吉林、江苏、河南等省粮食经纪人收购的粮食已占当地粮食收购总量的 80% 以上。全国各类粮食市场主体积极入市收粮，收购市场活跃，2014 年全国各类粮食企业收购粮食首次突破 35000 万吨，总量达到 36490 万吨，同比增加 2045 万吨，占当年粮食总生产量的 60.1%，其中国有企业收购 20655 万吨，政策性收购 12360 万吨，省际间流通量达 16500 万吨，有效保障了市场供给，维护了粮价基本稳定。

2. 粮食零售市场

2014 年，我国粮食零售业态发展继续保持良好态势，新型零售业态和经营模式发展较快。一方面，城市大型购物超市、大卖场、社区便利店稳步发展，已成为满足城市居民口粮需要的重要零售途径；另一方面，随着“万村千乡”市场工程的深入开展，粮油连锁经营、物流配送向乡村不断延伸，农村粮食零售市场交易活跃。据调查，上海市目前约有 180 家大卖场、2700 家连锁超市、5000 家便利店经营粮油业务，形成了品种全、覆盖广的城市粮油供应网络；四川省大力实施以建设乡村粮油超市和连锁店为主的农村粮食流通网络和经营方式再造工程，全省共建成乡村粮油超市和连锁店达 5069 家。同时，粮食零售终端建设稳步推进，“放心粮油”工程和主食食品产业化进一步发展，在粮食零售供应中发挥了重要作用。贵州省建成 1430 个“放心粮油”配送中心及放心粮店，覆盖 1000 多个乡镇和社区，受惠群众 1500 多万人；山东省粮油服务网点已发展到 2.2 万个，建成配送中心 56 个，配送专用车辆 600 辆，日配送能力达到 2700 吨；天津市积极发展放心馒头工程，馒头生产能力已达到200万个/日，销售专卖网点超过260家，产品销售覆盖天津市内6区和部分城郊地区。

3. 粮食批发市场

2014年，全国各类粮食批发市场数量达到534家，其中国有及国有控股224家，股份制71家，民营239家。全年市场总交易量达16790万吨，约占全社会商品量的42%。粮食批发市场在组织粮食流通、保障市场供应、服务国家粮食宏观调控、合理配置粮食资源、应急救灾、增加农民收入和满足居民消费等方面发挥了重要作用。

（1）商流市场。2014年，商流市场传统主营业务稳步开展，场际交易规模继续扩大，社会化粮源进场交易取得新突破，服务功能和基础设施水平提升取得新进展。一是全国统一粮食竞价交易平台不断完善。国家粮食局批准组建的国家粮食交易中心达27家，全年通过全国统一竞价交易平台适时、适量、适价成交国家政策性粮食1053亿斤，较2013年增加1555万吨。二是地方储备粮进场交易数量继续增加。全国已有17家国家粮食交易中心承担了地方储备粮进场交易任务。北京、天津、山西、湖北、福建、江西、广东、四川等地批发市场均承担了省、市、县三级储备粮的轮换、采购、销售任务，成为地方粮食调控的重要载体。三是粮食场际交易取得一定突破。2014年全年通过场际交易共成交贸易粮油437万吨，成交金额达106亿元，业务规模实现三连增，业务影响力进一步扩大。目前交易品种涉及小麦、玉米、稻谷、面粉、糠粕、食用油等12大类，实现了政策性粮食交易与贸易粮交易的相互促进、优势互补。四是积极拓展多元化经营业务。银企对接，打造粮食企业融资平台。郑州粮食批发市场继续推进小微会员互助融资，小微合作社成员已达88家，累计放款2.7亿元，在凝聚客户、增加交易、提升影响力方面发挥了重要作用。安徽粮食批发市场继续与徽商银行、中国银行等多家银行开展“商商通”“粮融通”业务合作，为客户融资贷款累计突破亿元大关，业务拓展取得明显成效。

（2）成品粮市场。2014年，各地积极争取将成品粮市场纳入“粮安工程”中的粮油应急供应网点建设，给予重点扶持。市场自身不断改进经营策略，积极调整粮食经营品种结构、拓宽粮食销售渠道、强化物流配送能力，使成品粮市场呈稳定发展态势。据不完全统计，全国成品粮市场约有437家，其中专业批发市场210家，综合性市场227家。一是市场粮食供应稳定。粮油成交量稳步提升，城市成品粮供给“蓄水池”和居民口粮“米袋子”作用充分发挥。北京盛华宏林市场的年交易量达145万吨，贵阳谷丰市场达100万吨，杭州粮油物流中心批发交易市场交易量达83万吨，重庆市粮油批发市场、湖北宜昌市泰丰粮油批发市场交易量均达80万吨，苏州、东莞等市场的交易量超过70万吨。国家粮食局重点联系的26家大中城市成品粮批发市场，年交易量均已占到了当地口粮的50%以上，成为当地城市粮油供应的主渠道。二是市场功能不断提升。各市场积极争取地方政府的支持，加快市场基础设施建设，提升市场功能。沈阳粮食物流中心投资3000余万元对原批发市场进行整体维修改造，现经营交易区占地面积10万平方米，经营档口9栋、储油罐12座，吸引了近300家优秀供应商。三是粮食电子商务、连锁配送等现代流通方式稳步发展。河南物流市场注册成立“河南豫粮金通农业发展有限公司”专门经营豆粕现货业务，逐步促进上游企业在电子商务盘中挂单、下游企业通过电子商务买单，从而推进豆粕电子商务的发展。于2014年5月举办了山东恒隆粮油公司豆粕产品专场交易会，成交豆粕1180吨，2014年交易量已达12万吨。四是价格“晴雨表”作用积极发挥。成品粮批发市场认真做好成品粮价格信息采集、分析、发布、报送工作，积极发挥市场价格晴雨表的作用，一方面为政府部门宏观调控提供可靠的数据基础，全国共有54家成品粮批发市场为国家粮食局市场价格监测点。另一方面，利用批发市场门户网站，为粮食生产者、经营者、消费者提供有效的信息服务，在引导生产、经营、消费预期上发挥积极作用。国家粮食局重点联系的26家大中城市成品粮批发市场均建立了门户网站，为社会各界定期提供粮食价格和行业信息。

4. 粮食期货市场

2014年，我国粮食期货市场发展总体比较平稳。从成交量看，2014年全国粮食期货成交量124904.79万手，较2013年增长10.77%，成交金额420709.47亿元，较2013年减少4.34%。其中黄大豆一号期货成交比较活跃，成交量、成交金额分别比上年增加了147.40%和141.31%；2014年3月中旬，菜籽粕期货市场出现了持续的震荡上涨行情，交易量不断扩大，成交量、成交金额分别比上年增加89.58%和98.59%；菜籽油市场依旧弱势运行，价格震荡下滑，成交量比上年增加9.41%，成交金额比上年减少2.11%；其余品种则出现不同幅度下跌，其中油菜籽交易下跌幅度较大，成交量、成交金额分别比上年减少98.53%和98.68%；早籼稻期货价格呈现震荡偏弱的行情走势，价格波动幅度较大，其成交量、成交金额分别比上年减少61.91%和56.52%；强麦期货价格整体呈现弱势下行的走势，其成交量、成交金额分别比上年减少64.68%和56.57%；普麦成交量、成交金额分别比上年减少36.48%和34.33%。2014年7月8日，晚籼稻在郑商所正式挂牌交易，2014年晚籼稻成交量和成交金额为10.42万手和59亿元。作为我国最后一个上市的口粮品种，将与早籼稻、粳稻形成健全的稻谷品种系列，同时也和强麦、普麦形成完整的口粮期货品种体系。玉米淀粉期货于2014年12月19日正式在大连商品交易所上市交易，玉米淀粉期货上市后，将和玉米品种形成玉米产业链品种体系，使玉米产品链品种从饲料领域进一步拓展到下游深加工领域，进一步拓展期货市场服务玉米产业和实体经济的范围和深度。

2014年，各主要粮食期货交易品种的价格行情较稳，有些品种出现小幅上涨态势，普麦行情前期以稳为主，新麦上市价格出现大幅上涨，与现货市场行情相似，由于现货市场利多因素不明显，期货价格行情持稳，上下小幅波动；上半年在临储玉米及运费补贴政策影响下，市场可流通粮源减少支撑了国内玉米价格，玉米期货整体呈现震荡走高行情。粳稻期货价格保持稳中小幅上涨态势，价格波动幅度有限。晚籼稻期货价格维持平稳略涨态势，价格波动幅度不大。

（二）2015年粮食市场体系建设展望

2015年，各级粮食行政管理部门要全面贯彻落实党的十八大和十八届三中、四中全会精神，深入学习贯彻习近平总书记系列重要讲话精

表 6-1 2014 年度粮油期货合约交易情况表

单位：成交量：万手；成交金额：亿元

品种名称	2014 年成交量	2013 年成交量	同比增长（%）	2014 年成交金额	2013 年成交金额	同比增长（%）
强筋小麦	205.10	580.68	-64.68	1123.20	2586.24	-56.57
普通白小麦	0.24	0.38	-36.48	3.08	4.69	-34.33
豆一	5439.48	2198.70	147.40	24432.23	10124.99	141.31
豆二	1.39	1.45	-3.92	5.12	6.12	-16.35
玉米	1865.99	2662.72	-29.92	4429.47	6349.26	-30.24
豆粕	40997.75	53071.51	-22.75	133126.37	176837.25	-24.72
豆油	12816.53	19266.93	-33.48	82821.07	144383.78	-42.64
菜籽油	2778.91	2539.97	9.41	18699.75	19103.64	-2.11
早籼稻	66.50	174.59	-61.91	308.10	708.55	-56.52
油菜籽	3.44	234.54	-98.53	16.73	1267.17	-98.68
菜籽粕	60702.88	32020.07	89.58	155674.30	78388.39	98.59
粳稻	1.77	8.09	-78.13	11.05	49.65	-77.74
晚籼稻	10.42	0	--	59.00	0	--
玉米淀粉	14.39	0	--	39.74	0	--
总计	124904.79	112759.63	10.77	420749.21	439809.73	-4.33

注：数字资料来源于郑州商品交易所和大连商品交易所，成交量、成交金额均按双边计算。

神，认真贯彻落实中央经济工作会议、中央农村工作会议的决策部署，深入落实国家粮食安全战略；主动适应经济发展新常态，积极按照全面深化粮食流通领域改革部署，全力提升粮食市场功能，加快完善促进市场公平交易和提高流通效率的制度体系，切实发挥市场配置粮食资源的决定性作用和更好地发挥政府作用。

一是建设规范有序、服务高效的收购市场体系。支持、督促国有粮食企业在粮食流通中发挥主导和示范作用，引导市场多元主体参加粮食收购，鼓励符合条件的多元主体参与政策性粮食收储；严格规范粮食经纪人，发挥其服务农民售粮和企业收粮、活跃粮食流通的作用；完善粮食收购服务体系，科学合理布设收购网点，确保农民种粮卖得出，保护农民利益；创新粮食购销经营模式，积极稳妥推进“粮食银行”等新兴业态的发展；加强粮食收购市场监管，规范收购市场行为，形成有序竞争。

二是构建网络健全、质量安全的零售市场体系。积极发展方便、快捷、规范的城乡粮油零售供应网络，做到对城镇居民和乡村的“双向”延伸，拓展覆盖面；落实“粮安工程”要求，实现应急供应网点全覆盖，确保消费者吃粮买得到；搞活品种调剂流通，适应小康社会高品质、多样化粮食消费需求；大力支持粮油统一配送、电子商务等现代流通方式发展；扩大放心粮油规模，切实保障城乡居民口粮质量安全。

三是进一步完善全国统一粮食竞价交易平台，发挥国家粮食交易中心宏观调控载体和价格形成中心的功能作用。同时，积极开展公益性粮食批发市场建设试点，发挥其在城市口粮供应和应急保供作用。大力发展电子商务，积极开展粮食电子商务示范培育工作；加快粮食批发市场管理规章制度建设，规范粮食批发市场交易行为，引导市场公平竞争，提高资源配置效率。

四是建设为宏观调控和实体经济可提供高效服务的期货市场。继续稳步发展粮食期货交易，健全交易品种体系；发挥期货市场管理农村金融风险的功能。发挥期货市场提高农业产业化、组织化程度的功能，将农户、企业和期货市场联结，提升粮食生产的组织化程度，增强粮食产业的抗风险能力和市场竞争力；严把交割实物的质量检验关，提高产品质量标准，淘汰落后生产工艺，提高技术水平，促进粮食产业快速升级；充分发挥期货市场价格发现和风险管理功能引导粮食生产结构调整，服务粮食宏观调控；增强现货市场与期货市场的联动性，增强期货市场服务实体经济的能力。

二 粮食仓储物流体系

2014年，各地认真贯彻落实党的十八届三中、四中全会精神，按照国务院第52次常务会议关于加强粮食仓储设施建设的决策部署，积极开展粮食流通基础设施建设工作，取得了显著成效。据统计，2014年度全国粮食流通基础设施建设项目总投资936亿元，其中，中央财政资金90亿元，地方财政资金191亿元，企业自有资金427亿元。年度完成投资333亿元，其中，中央财政资金46亿元，地方财政资金75亿元，企业自有资金171亿元。

(一)加强粮食仓储设施建设

2014年，全国粮油仓储设施项目年度完成投资177亿元，新建仓容3324万吨，包括平房仓2969万吨，立筒仓162万吨（其中钢板筒仓57万吨），浅圆仓42万吨，其他仓型151万吨；上述仓容中成品粮应急储备仓59万吨。新建储粮罩棚209万平方米。新建油罐79万吨；维修改造仓容7119万吨(其中大修仓容2069万吨)；新增烘干能力14201吨/小时；新建地坪937万平方米，新建办公、业务用房80万平方米。

按照国务院第52次常务会议要求，积极推进2014~2015年完成新建1000亿斤仓容建设任务工作，其中，安排中央补助投资26.5亿元，建设粮食仓容130亿斤；下达与地方增产增储挂钩的400亿斤仓容建设任务；下达浙江、广东、山东、湖北和广西五省（区）竞争性建仓任务70亿斤；通过政策性粮食收储主体资格引导企业投资建仓，下达中粮集团有限公司和中国中纺集团公司仓容建设任务110亿斤（其中2015年年底前完成

50% 建设任务）；下达中国储备粮管理总公司 144 亿斤市场竞争方式建仓任务。同时，为解决部分地区仓容不足的问题，切实做好国家政策性粮食收购工作，下达东北三省和内蒙古自治区建设储粮罩棚 350 亿斤，安徽、江西、湖南 3 省建设仓间棚 18 亿斤。进一步加大“危仓老库”维修改造力度，安排 20 亿元中央补助投资，用于全国 26 个省（区、市）的粮食收储库点的仓房维修改造。

（二）加快推进粮食现代物流发展

2014 年，全国粮食现代物流项目年度完成投资 72.4 亿元，长江流出通道所占比重最大，其次是东北、黄淮海和华南通道，最小为华东通道。新建粮食专用码头泊位 26 个，能力 281 万吨；新建铁路专用线 18 公里，其中有效长度 13 公里；新建铁路罩棚 14 万平方米；新增散粮接收能力 4.3 万吨 / 小时，发放能力 4.2 万吨 / 小时，新增烘干能力 14201 吨 / 小时；新增散粮汽车 817 辆，散粮火车皮 54 节，散粮船舶 14 艘。其中，国家安排中央补助投资 6 亿元，用于支持八大跨省粮食物流通道粮食现代物流项目建设。

表 6-2 粮食物流项目各通道年度完成投资情况表

单位：亿元，%

通道	年度完成投资	比例
合计	72.4	100.0
东北流出通道	19.1	26.4
黄淮海流出通道	9.2	12.7
长江流出通道	19.3	26.7
华东沿海流入通道	1.6	2.2
华南沿海流入通道	6.3	8.7
京津流入通道	5.3	7.3
西南流入通道	5.5	7.6
西北流入通道	6.1	8.4

三 粮食应急保障体系

按照国家粮食局的统一要求，各地结合当地实际大力推进，粮食应急保障体系建设取得新的进展，在应急实战中有效发挥作用。截至 2014 年年底，全国粮食应急供应网点达到近 4.3 万个，供应网点布局更趋合理，应急储运、加工企业和配送中心规模保持稳定，成品粮储备进一步充实，监测预警机制更加健全，粮食应急保障体系更加完善。

天津、江苏、青海等省（市）修订完善了省级粮食应急预案；山东、福建、湖北等地积极争取财政资金支持，有力保障应急体系建设和培训演练各项工作开展；安徽等省突出好中选优、重点扶持，着力打造“堡垒型”应急骨干企业和网点，确保关键时刻靠得住、调得动、顶得上。

云南鲁甸、景谷地震，四川康定地震和海南“威马逊”台风发生后，国家粮食局高度重视，指导受灾地区粮食部门认真履职，有序开展粮食应急工作，有效保障了灾区军需民食和粮食市场稳定。国庆、春节等重要节假日期间，各地密切关注粮油市场动态，加强粮源组织调度和市场监管，粮油市场运行平稳有序，民生需求得到充分保障。

四 粮油加工体系

2014年粮油加工业进入中速发展阶段，结构调整取得新成效，龙头企业产业化水平进一步提高。

（一）国家系列重要政策加大支持粮油加工业发展

《中共中央国务院关于全面深化农村改革加快推进农业现代化的若干意见》、《国务院办公厅关于加快木本油料产业发展的意见》、《国务院关于建立健全粮食安全省长责任制的若干意见》等系列政策措施，明确支持粮油加工业产业化和引导产业结构调整。国家对内蒙古、吉林、黑龙江3省（区）玉米深加工企业竞购国家政策性存储玉米给予每吨100元的补贴。继续通过技术改造专项资金扶持粮油加工业企业，有关部门2014年对8个粮油加工企业技术改造升级项目进行了补助，总投资10.7亿元，中央补助投资8748万元。

国家粮食局继续加强全社会粮油加工业产能监测工作，全面完成粮油加工业年报表和重点企业半年报统计，近2万个加工企业纳入统计范围，按照“一张表”制度要求统一纳入全国粮食流通统计报表。

表 6-3 2014 年国家出台的粮油加工政策

序号	文件名	产业类别	主要内容政策
1	《中共中央 国务院关于全面深化农村改革加快推进农业现代化的若干意见》(中发〔2014〕1号)	农业	实施以我为主、立足国内、确保产能、适度进口、科技支撑的国家粮食安全战略。确保谷物基本自给、口粮绝对安全。 增强全社会节粮意识，在生产流通消费全程推广节粮减损设施和技术。 完善粮食等重要农产品价格形成机制。探索推进农产品价格形成机制与政府补贴脱钩的改革，建立农产品目标价格制度。继续执行稻谷、小麦最低收购价政策和玉米、油菜籽、食糖临时收储政策。 合理利用国际农产品市场。加快实施农业走出去战略，培育具有国际竞争力的粮棉油等大型企业。 加快建立利益补偿机制。支持粮食主产区发展粮食加工业。降低或取消产粮大县直接用于粮食生产等建设项目资金配套。
2	《国务院办公厅关于加快木本油料产业发展的意见》(国办发〔2014〕68号)	粮油加工业	推进木本油料产业化经营。积极培育跨地区经营、产供销一体化的木本食用油龙头企业，鼓励企业通过联合、兼并和重组等方式做大做强。支持企业在主产区建立原料林基地和建设仓储物流设施，发展“企业 + 专业合作组织 + 基地 + 农户”等产业化经营模式，建立长期稳定的购销合作关系，引导农民开展标准化和专业化种植。鼓励木本油料林立体种植和综合开发，提高林地利用率和木本油料综合生产能力。支持专业合作组织和农户加强木本油料烘干、仓储等初加工设施设备建设。鼓励企业利用新技术、新工艺，开展精深加工和副产品开发，实现循环发展和综合利用。 健全木本油料市场体系。制定木本油料种植、仓储、加工、销售等生产标准，完善油脂产品和相关副产品质量标准及其检测方法。
3	《国务院关于建立健全粮食安全省长责任制的若干意见》(国发〔2014〕69号)	粮食加工业	推动粮食产业升级。培育壮大粮食类农业产业化龙头企业，促进生产要素向优势企业集聚。支持粮食企业推广应用先进技术装备，进行技术改造升级。开展现代粮仓科技应用示范。将主食产业化作为保障食品安全的重要民生工程，鼓励企业延伸粮食加工产业链，开发新型优质健康粮食产品。鼓励大中型主食加工企业发展仓储物流冷链设施，向乡镇和农村延伸生产营销网络。 发挥加工转化对粮食供求的调节作用。按照企业自愿参与、政府适当补偿原则，选择一批骨干粮食加工转化企业纳入粮食市场调控体系，当粮食供大于求时，适当增加企业非食品用途的粮食加工转化；当粮食供应紧张时，相应减少或停止企业非食品用途的粮食加工转化。
4	财政部 国家发展改革委 国家粮食局 中国农业发展银行关于印发《东北玉米深加工企业竞购加工国家临时收储玉米补贴管理办法》的通知(财建〔2014〕375号)	玉米深加工业	对内蒙古、黑龙江、吉林三省(区)纳入补贴范围的玉米深加工企业，在 2014 年 5 月至 10 月期间，参加国家有关部门组织的国家临时收储玉米竞价销售活动，并于 2014 年 12 月底前运回企业自用的玉米，超过其 2 个月加工能力(根据本地区有关部门核实的年加工能力按月平均)部分，中央财政按 100 元 / 吨标准给予补贴。
5	《关于切实做好 2014 年国家临时存储菜籽(油)收购工作的通知》(国粮调〔2014〕104 号)	收购政策	受委托收购企业按规定挂牌价格向农民收购油菜籽，再委托加工企业加工成菜籽油转为国家临时存储油的方式进行。 国家临时存储油收购所需资金，由中国农业发展银行按照油菜籽收购数量、价格及相关费用等有关政策安排贷款解决，由中储粮直属企业承贷，并根据收购情况及时预付给委托收储企业，保证收购需要。

(二)粮油加工业进入中速发展阶段

2014年，粮油加工业总产值25734.6亿元、产品销售收入25488.5亿元，同比分别上升5.1%、5.3%，增速分别比上年放缓2.4个、1.7个百分点；利税总额971.6亿元、利润总额635.1亿元，同比分别下降1.5%、0.7%，增速分别比上年下降13个、9.9个百分点。粮油加工业增速放缓的主要原因有：一是受国家宏观经济增速下滑和消费放缓等影响，粮油加工业总产值增速同比继续明显放缓，增速低于全国GDP 7.4%的增长率；二是自2008年实施粮油加工业统计以来统计的范围已较为全面，2014年度企业数量有所下降；三是原粮价格高企，成品粮价格低迷，挤压了加工企业的利润空间；尤其是食用植物油和玉米加工产品价格跌幅较大，2014年年初豆油每吨7600元左右，但一路下滑至年底时每吨5500元左右，食用植物油加工行业总产值和产品销售收入比上年减少118.6亿元和175.0亿元，利税总额和净利润减少87亿元和77.1亿元，下降达39.6%和57.1%。

山东、湖北、江苏、安徽、广东、河南、四川、湖南、河北9省工业总产值和产品销售收入超过千亿元。山东省粮油加工业总产值和销售收入首次突破3千亿元大关，安徽省成为第四个工业总产值超过2千亿元的省份，四川省首次迈入粮油加工业总产值和销售收入千亿元省份。

粮油加工主要产品产量继续稳定增长。大米产量9870万吨，比上年增加411万吨，增幅4.4%。小麦粉产量9676万吨，比上年减少26万吨，下降0.3%。食用植物油产量3004万吨，比上年增加125万吨，增幅4.3%。

(三)产业结构调整取得新成效

一是规模以上粮油加工企业的数量占比又有提高，小企业数量占比继续下降。2014年度粮油加工小型企业（日产能<200吨）12915家，占企业总数的66.7%，比上年减少792家，下降2.2个百分点；中型企业（日产能200～400吨）3686家，占企业总数的19.0%，比上年增加130家，上升1.1个百分点；大型企业（日产能>400吨）2670家，占企业总数的13.8%，比上年增加154家，上升1.1个百分点。

二是规模以上企业的产能、产量占比较上年稳定提高。食用植物油加工业、玉米加工业、饲料加工业产业集中度较高，日处理能力400吨以上企业的产能、产量占比均在60%以上。稻谷、小麦加工业的产业集中度有所提升，日产能400吨以上大型企业的产能占比分别为24.8%、59.2%，占比分别提高了0.3个、2.7个百分点，产量占比分别为34.5%、69.4%，占比分别提高了0.8个、4.1个百分点。

三是稻谷加工业、食用植物油加工业平均产能利用率分别比上年提高了1.3个、1.6个百分点，但粮油加工业产能利用率仍然较低。小麦加工业产能利用率比上年下降0.6个百分点；稻谷加工业产能利用率仅为43.6%，利用率水平仍偏低，反映出行业产能过剩问题仍比较突出。

(四)主食产业化稳步推进，“放心粮油”“主食厨房”工程建设试点取得初步成效

国家粮食局组织有关科研单位到新疆、海南等地区巡讲，对推进主食产业化理论和技术方案进行了讲解，让有关省区加深了推进主食产业化的认识，取得了实效。安徽、广西等省（区）政

府出台了推进主食厨房和米制主食品的指导意见。

广西壮族自治区大力发展糙米主食产业化，自治区粮食局与食品药品监督管理、发展改革、工业和信息化、财政等部门联合成立广西主食（米粉）产业化工作领导小组，选择广西鑫粮粮食集团有限公司作为主食产业化试点企业，投资1500万元新建“年产2万吨米粉生产线项目”。2013年、2014年自治区财政分别安排科研开发和新产品推广工作补助经费50万元、60万元。广西鑫粮粮食集团有限公司采用100%糙米为原料，研制出糙米鲜湿米粉，2014年3月起每天可供应南宁市场糙米米粉10吨，基本满足了自治区直属各单位机关食堂和南宁市15个菜市场的米粉需求。

湖北、河南、广西3省（区）“放心粮油工程”供应服务体系建设试点示范项目稳步开展。按照推进供应网点规范化、标准化改造，发展“放心粮油”销售网络，提高应急配送能力，建立质量安全追溯体系试点等建设要求，各地按照四位一体要求进行试点。到年底，湖北、广西、河南3个试点省份超额、保质保量完成了工程建设工作，完成投资5722万元，其中：中央补助投资540万元、地方投资补助1539万元、企业自筹资金3634万元，建设了9个地市级配送中心、107个直营店（连锁店）、103个加盟店（经销店）。试点地区有效提高了粮食质量检验监测能力，加强了可追溯体系和信息平台建设，并与成品粮批发市场紧密结合，取得了初步成效。

专栏 “粮安工程”

粮食安全始终是关系我国经济发展、社会稳定和国家自立的全局性重大战略问题，保障国家粮食安全始终是治国安邦的头等大事。2015 年 6 月 15 日，国家发展改革委、国家粮食局、财政部联合发布《粮食收储供应安全保障工程建设规划（2015~2020 年）》，提出了今后我国粮食收储供应安全保障能力建设的指导思想、目标和主要任务及政策措施。实施“粮安工程”，是新形势下保障国家粮食安全和增加粮食有效供给守住底线的必然选择，是满足全面建成小康社会对粮食质量安全需求新期待的基本要求，是应对国际粮食市场复杂形势增强我国粮食流通抗风险能力的迫切需要。

●主要目标

到 2020 年，全面建成售粮便利、储存安全、物流通畅、供给稳定、应急高效、质量安全、调控有力的粮食收储供应安全保障体系，形成布局合理、结构优化、竞争有序、监管有力的现代粮食流通新格局，使粮食收储能力大幅增强，粮食物流效率显著提高，应急保障能力明显提升，粮油质量安全综合保障能力全面提升，粮情监测预警体系全面建成，粮食产后节约减损取得明显成效。

●主要指标

2015 年年底前完成集中新建仓容 1000 亿斤任务，实现农户科学储粮专项户数达到 1000 万户；到 2017 年完成全国“危仓老库”维修改造；到 2020 年基本消除“席茓囤”等露天存粮，应急供应网点达到 5 万家，应急加工企业达到 0.6 万家，改建成品粮批发市场 312 家，改建区域性配送中心 531 个，国家粮食质量监测机构数量达到 500 个，粮食质量安全风险监测网点达到 2500 个，国家粮食信息直报点增加到 2000 个，粮食供需平衡抽样调查城乡居民户达到 20 万户，年减少粮食产后流通环节损失浪费 1300 万吨以上。

●六大建设任务

建设粮油仓储设施。加强加快粮食收储能力建设，优化仓储设施区域布局，全面完成“危仓老库”维修改造，消除 95% 以上“席茓囤”等露天存粮现象，确保粮食敞开收购和安全储存。全面推广应用绿色生态智能储粮技术，进一步提升粮食仓储管理技术水平。

打通粮食物流通道。加大东北、黄淮海、长江中下游等流出通道和华东沿海、华南沿海、京津、西南、西北及沿海进口流入通道建设力度，完善和优化物流节点布局，建设物流公共信息平台，提高物流组织化程度，实现散粮运输全程无缝连接。

完善应急供应体系。落实《国家粮食应急预案》，切实提高各类应急条件下的粮食供应保障能力，按照“合理布点、全面覆盖、平时自营、急时应急”的要求，进一步加强城乡粮油应急供应网点建设和维护，完善粮食应急供应、配送和加工网络布局，构建现代粮食应急保供体系。

保障粮油质量安全。加强粮油质量安全检验监测体系、"放心粮油"供应销售网络平台和质量安全管理体系、流通追溯体系建设，完善粮油质量安全标准体系，提升粮食质量安全应急处置能力，确保粮油全产业链质量安全。

强化粮情监测预警。整合现有粮食信息资源，强化信息基础设施和安全保障能力建设，建成包括信息采集、警情分析、信息发布的粮情监测预警体系，建立和完善库存粮食识别代码制度，推进"智慧粮食"建设，增强国家调控市场的前瞻性、针对性和有效性。

促进粮食节约减损。深入推进节粮减损示范工程和专项行动，继续扩大农户科学储粮专项实施范围，大力推进粮油适度加工和副产物高效利用，形成政府主导、企业实施、全民参与的全社会节粮减损行动长效机制。

第七部分

粮食流通体制改革

一 粮食流通体制改革概述

2014年年初，国家粮食局召开全国粮食流通工作会议，认真贯彻落实中央关于粮食工作的方针政策，要求各级粮食部门深入贯彻党的十八大和十八届二中、三中全会精神，认真落实中央经济工作会议、中央城镇化工作会议和中央农村工作会议关于粮食工作的决策部署，立足经济社会发展和“三农”工作大局，以全面深化改革总揽粮食流通工作全局，认真贯彻国家粮食安全战略，进一步做好“广积粮、积好粮、好积粮”三篇文章，守住底线、加快发展，切实保障国家粮食安全。各地粮食部门围绕粮食安全省长责任制的贯彻落实，进一步转变职能，完善体制，转变经济发展方式，深入推进粮食流通领域各项改革工作。

以贯彻落实粮食安全省长责任制为重点，深化粮食流通管理体制改革。根据党中央和国务院关于保障粮食安全的新精神、新部署，国家粮食局对《国务院关于进一步完善和落实粮食安全省长责任制的意见（代拟稿）》反复进行修改完善。2014年年底，国务院印发实施了《关于建立健全粮食安全省长责任制的若干意见》（国发〔2014〕69号），进一步明确了省级人民政府在粮食安全方面的事权和责任，实现了理顺粮食流通管理体制的新突破。这个重要文件既管当前，也利长远，对全面贯彻落实国家粮食安全战略、做好新常态下的粮食工作意义重大，影响深远，为全面深化粮食流通改革、全面推进依法治粮奠定了重要的制度基础。

各地粮食部门认真贯彻落实中央精神和全国粮食流通工作会议部署，围绕贯彻落实粮食安全省长责任制，因地制宜推进改革工作。山西省政府将粮食安全目标责任考核纳入各级政府目标责任考核体系，并颁发“粮食安全责任状”，省粮食局向11个市粮食局颁发了“粮食工作目标责任状”，确保“米袋子”省市长责任制和粮食安全责任的全面落实。同时，省粮食局代省政府起草了“山西省人民政府关于进一步完善和落实粮食安全省市长负责制的意见”“粮食安全责任考核与奖惩办法”。浙江省政府与各市政府、各市政府与所辖县（市、区）政府分别签订了2014年度《粮食安全责任书》，并结合年度重点工作，修改完善并及时印发了2014年度粮食安全责任制考核方案。湖南省全面落实粮食安全行政首长责任制，以省委、省政府对市州年度绩效评估为抓手，促进粮食收购、地方储备、千亿产业和“危仓老库”维修改造等工作的推进与落实，进一步增强政府的粮食调控能力。广东省对全省各地级以上市政府的粮食安全责任进行考核，考核结果经省政府审定并通报全省。广西壮族自治区政府把粮食流通工作纳入自治区人民政府与各市人民政府签订的责任状中，落实粮食行政首长负责制有了抓手。宁夏回族自治区全面落实粮食安全行政首长分级责任制，进一步强化了粮食行政管理职责，明确了市县（区）政府对本区域粮食安全和宏观调控负全责，市县（区）长是本地区粮食安全的第一责任人；逐级建立了有效的粮食安全监督检查和绩效考核机制，将粮食安全责任纳入当地政府年度绩效考核之中。

深化粮食市场调控和储备管理机制改革。包括政策性粮食购销机制、地方储备粮管理机制和中央储备监管体制机制改革三项内容。积极探索政策性粮食收购“四共同”机制，中央和地方两个积极性得到有效发挥。在粮食收储和储备管理机制改革方面，经国务院同意，国家有关部门重新核定下达了地方粮食储备规模，进一步完善了管好用好地方储备粮的制度规定。中央储备粮的日常管理和监管工作得到加强。组建国家粮食交易协调中心，推进全国统一的竞价交易平台建设，进一步增强服务宏观调控的能力。

深化粮食行业发展机制和国有粮食企业改革。包括粮食行业科技管理体制、人才体制和国有粮食企业改革三项内容。印发实施《深化粮食行业人才体制改革的实施意见》，明确了行业人才体制改革的目标、任务和具体措施。《深化粮食科技体制改革和加快创新体系建设的实施意见》已经全国粮食科技创新大会讨论，将根据中央深化科技管理体制改革的有关精神进行修改完善后，于2015年印发实施。在国有粮食企业改革方面，基层国有粮食企业产权制度改革积极推进，“一县一企、一企多点”改革模式取得实效，安徽、湖北、黑龙江、四川等地粮食行业混合所有制经济发展势头良好，全年国有粮食企业统算盈利65.5亿元，连续8年保持盈利。农民社区粮行、大众主食厨房、放心粮油超市、粮油电商网购等新型产业模式和经营业态快速发展，吉林、河北、江苏、浙江、河南、重庆、陕西、青海、新疆等17个省（区）发展“粮食银行”350家，在新型城镇化和农业现代化建设中发挥了积极作用。

深化粮食行政管理机制改革。国家粮食局大幅减少并及时公布行政审批事项，深入推进机关工作制度和运行机制改革。北京、上海、浙江、安徽、山东等省（市）粮食局制定公布行政权力清单，规范简化行政审批程序；湖北省全面解除粮食企业与各级粮食局的依附关系，各地粮食行政管理部门大力推进政企分开，职能转变取得实效。

深化粮食流通统计制度改革。印发了《粮食流通统计制度改革实施意见》和《国家粮食流通统计制度（2015~2016年度）》，实行统计归口管理，大幅精简统计指标，整合优化统计报表，推行“一企一表”和网上直报，提高统计质量和报送效率。

专栏 国务院《关于建立健全粮食安全省长责任制的若干意见》概要

2014年年底，国务院印发实施了《关于建立健全粮食安全省长责任制的若干意见》(国发〔2014〕69号)，进一步明确了省级人民政府在粮食安全方面的事权和责任，实现了理顺粮食流通管理体制的新突破。这个重要文件对全面贯彻落实国家粮食安全战略、做好新常态下粮食工作意义重大，影响深远，为全面深化粮食流通体制改革、全面推进依法治粮奠定了重要的制度基础。

●文件出台的背景

2004年我国全面放开粮食购销市场以来，各地区按照党中央、国务院的决策部署，积极履行粮食生产、流通和储备责任，粮食工作总体情况较好。但是，粮食生产实现“十一连增”后，继续稳产增产面临的困难更多、挑战更大，粮食安全这根弦决不能放松，否则粮食生产容易出现大的滑坡。同时，在粮食连年丰收和当前部分粮食品种供求相对宽松的背景下，一些地方存在放松粮食生产、忽视粮食流通、过度依靠中央的现象，自觉承担维护国家粮食安全责任有待进一步加强。2013年，中央明确提出实施“以我为主、立足国内、确保产能、适度进口、科技支撑”的国家粮食安全战略，强调要坚持把保障国家粮食安全作为我国农业现代化的首要任务，确保谷物基本自给、口粮绝对安全。在这样的历史背景下，建立健全粮食安全省长责任制，健全在国家宏观调控下省级政府对粮食生产、流通和安全全面负责的体制，既有利于有针对性地解决当前粮食工作中存在的问题，也有利于理顺中央与地方的关系，调动中央和地方两个积极性，从制度机制上把保障国家粮食安全的责任和政策措施落到实处。

●文件的主要内容

文件共10部分29条，第一部分是强化粮食安全意识和责任。要求各地区、各部门要充分认识确保粮食安全的极端重要性和复杂性，把保障粮食安全放在经济社会发展的突出位置。明确提出省级人民政府必须切实承担起保障本地区粮食安全的主体责任，省长(主席、市长)主要承担稳定发展粮食生产，巩固和提高粮食生产能力；抓好粮食收购，保护农民种粮积极性；管好地方粮食储备，确保储备粮数量真实、结构合理、质量良好、调用高效；实施粮食收储供应安全保障工程，加强粮食流通能力建设；深化国有粮食企业改革，促进粮食产业健康发展；完善区域粮食市场调控机制，维护区域粮食市场稳定；健全粮食质量安全保障体系，落实监管责任；大力推进节粮减损，引导城乡居民健康消费等方面责任。

第二至第九部分就落实省级人民政府粮食安全责任作了八个方面的规定。一是巩固和提高粮食生产能力。要坚决守住耕地红线，规范耕地占补平衡，加强耕地质量建设；加快建设高标准农田，加强农田水利建设；提高粮食生产科技水平，加快发展农业机械化；建立新型粮食生产经营体系，积极培育新型粮食生产经营主体；增强粮食可持续生产能力。二是切实保护种粮积极性。要落实和完善粮食扶持政策，认真完善和落实粮食补贴政策；抓好粮食收购，鼓励和引导符合条件的多元市场主体参与政策性粮食收购；努力提高种粮比较收益，完善粮食市场价格形成机制。三是管好地方粮食储备。要严格按照国家有关部门确定的储备规模和完成时限充实地方粮食储备，探索建立政府储备和社会储备相结合的分梯级粮食储备新机制。四是增强粮食流通能力。要加强粮食仓储物流设施建设和管理，建立国有粮食仓储设施保护制度；发展粮食物流网络，完善粮食交易中心功能；按照互惠互利原则加强粮食产销合作。五是促进粮食产业健康发展。要培育发展新型粮食流通主体，继续深化国有粮食企业改革，发展混合所有制经济；推动粮食产业升级，培育壮大粮食类农业产业化龙头企业；发挥加工转化对粮食供求的调节作用。六是保障区域粮食市场基本稳定。要完善粮食调控机制，健全粮食应急保供体系，加强粮食监测预警，维护粮食市场秩序。七是强化粮食质量安全治理。要加强源头治理，建立耕地土壤环境监测网络；健全粮食质量安全保障体系，2018 年年底前在城乡普遍建立“放心粮油”供应网络；落实粮食质量安全监管责任，加强基层粮食质量安全监管。八是大力推进节粮减损和健康消费。要加强爱粮节粮宣传教育，在生产、流通、消费环节全面推广节粮减损新设施、新技术和新装备。

第十部分是强化保障措施和监督考核。要求加强粮食生产指导、行政执法和监督检查等方面的工作力量，各级财政要继续支持保障粮食安全的相关工作。强调建立监督考核机制，定期组织对各省（区、市）人民政府落实粮食安全省长责任制情况进行考核。

●粮食安全省长责任制是对粮食省长负责制的继承、创新和发展

1994 年，国务院提出我国粮食管理实行中央统一领导、地方分级负责的体制，并首次明确实行省、自治区、直辖市政府领导负责制。粮食安全省长责任制是对粮食省长负责制的继承，二者同样是省级人民政府在国家宏观调控下，对本地区粮食生产、储备和流通能力建设全面负责的粮食行政管理体制。同时，粮食安全省长责任制强调，各省（区、市）人民政府必须承担起保障本地区粮食安全的主体责任，并从粮食生产、流通、消费等各个环节，系统地界定了各省级人民政府在粮食安全方面的事权和责任，要求更具体，责任更明确，内容更丰富，更符合新形势下保障粮食安全的现实需要。1994 年提出粮食省长负责制以来，国务院的多个文件和规划都曾要求贯彻落实粮食安全责任的相关内容。但就全面贯彻落实地方政府粮食安全责任专门下发文件，这是第一次。因此，粮食安全省长责任制是新常态下保障国家粮食安全的一项基本制度，实现了理顺粮食管理体制的新突破，为全面推进依法治粮、全面落实粮食安全责任、保障国家粮食安全奠定了重要的制度基础。所以说，粮食安全省长责任制也是对粮食省长负责制的创新和发展。

这种创新和发展主要体现在以下几个方面。一是强调要充分认识确保粮食安全的极端重要性和复杂性。在我国经济发展进入新常态、经济结构战略性调整加速推进，粮食贸易全球化、粮食购销市场化程度不断加深的背景下，农业资源禀

赋先天不足、资源环境约束日益加大、粮食生产成本快速攀升等不利因素将长期存在，粮食供求总量紧平衡与部分品种阶段性过剩、托市价格面临双重挤压与保护粮农利益、适度利用国际粮食资源与进口粮食冲击国内市场等各种矛盾交织累积，全面落实粮食安全责任、保障国家粮食安全任重道远。二是对各省级人民政府在维护国家粮食安全方面的事权与责任规定得更加全面系统。各省（自治区、直辖市）人民政府必须切实承担起保障本地区粮食安全的主体责任，全面加强粮食生产、储备和流通能力建设，不仅强调了粮食数量安全，还强调了粮食质量安全、粮食产业健康发展，以及节粮减损和健康消费等，涵盖了粮食生产、储备、流通和消费等各环节的重要内容。三是对落实粮食安全省长责任制的规定更加明确具体。在加强粮食生产能力建设方面，明确要求落实更严格的耕地保护制度，主产区要增加粮食产量，主销区要确立粮食种植面积底线，主销区和产销平衡区要稳定和提高粮食自给率等；在加强粮食储备能力建设方面，要求严格按照国家有关部门确定的储备规模和完成时限，抓紧充实地方粮食储备，定期将地方粮食储备品种、数量和布局等信息报送国家有关部门等；在加强粮食流通能力建设方面，要求将粮食仓储物流设施作为重要农业基础设施抓紧建设，建立国有粮食仓储设施保护制度，2017 年年底前要建成粮食应急供应保障体系，2018 年年底前要在城乡普遍建立“放心粮油”供应网络等。四是明确要求建立粮食安全责任考核机制。强调要建立健全维护国家粮食安全的各项制度与机制，特别是明确要求建立监督考核机制，强化对各地落实粮食安全责任的考核、追责和问责制度，增强建立健全粮食安全省长责任制的严肃性，有利于形成落实粮食安全责任的长效机制。

二　粮食收储和储备管理体制改革

（一）政策性粮食购销机制改革

2014 年 3 月，在吸收 2013 年东北地区地方政府和中储粮总公司共同组织政策性粮食收购经验的基础上，着手研究粮食收储机制改革工作。5 月，协调有关部门（单位）在夏粮收购政策中实现了“四共同”，进一步加大了地方政府责任。即：中储粮分公司、省级粮食行政管理部门、农发行分行“共同合理确定委托收储库点，共同组织好最低收购价粮食的验收入库，共同对当地最低收购价粮食的数量、质量、库存管理及销售出库等负责，共同落实好最低收购价政策”。为认真贯彻中央一号文件有关鼓励符合条件的多元市场主体参与大宗农产品政策性收储的要求，9 月与有关部门联合出台 2014 年中晚稻最低收购价执行预案，取消了优先安排国有企业作为委托收储库点的规定，以充分利用社会收购和仓储资源，避免出现农民“卖粮难”。11 月，在玉米临储收购文件中，又明确将中粮集团、中纺集团作为中储粮总公司的补充力量，受中储粮总公司委托承担收储任务，并独立向农发行贷款，为收储执行主体的扩大作了积极的探索尝试。

为加快成交粮食出库进度，解决政策性粮食销售出库中存在的问题，2014 年 7 月下发了《国家粮食局关于进一步做好国家政策性粮食竞价销售和出库工作的通知》（国粮调〔2014〕150 号），从六个方面对竞价销售提出了明确要求。同时，为进一步做好国家政策性粮食竞价销售工作，国家粮食局筹备组建了国家粮食局粮食交易协调中心，搭建全国统一的竞价交易系统平台。

（二）适当增加地方粮食储备规模

在粮食连年丰收的情况下，为缓解主产区收储矛盾，进一步优化中央和地方储备结构，2014 年 3 月国家粮食局研究起草《完善地方粮油储备体系工作推进方案》，就增加地方储备规模的原则等提出了建议，并开始征求有关单位意见。6 月，国务院常务会议确定地方粮食储备规模新增 250 亿公斤。根据会议精神，国家粮食局会同有关部门研究提出了地方储备粮食增储方案，并征求了各省级人民政府意见。7 月下旬，按照新增储备规模 30% 左右的比例先期下达了部分地方储备粮新增规模。12 月，地方储备增储总方案和分解落实方案报经国务院批准后，会同有关部门下达了规模计划，并明确了完成时限、保障和约束措施、考核方式等，要求各地抓住粮食丰收、粮源充裕的有利时机，抓紧落实到位。各地按照国家有关部门要求积极做好新增地方储备的落实工作。

三 粮食流通统计制度改革

粮食流通统计是粮食行政管理部门的重要职能和基础性工作，2004 年以来，各级粮食行政管理部门切实履行全社会统计职能，为粮食宏观调控提供了较为准确的决策依据。但粮食统计工作中还存在着多头管理、数据矛盾、重复统计、漏统错统等问题。随着粮食供求形势的不断变化，现行统计制度已难以满足新形势下国家粮食安全战略和转变粮食行政管理职能的要求。

为适应形势发展的需要，切实提高粮食统计执行能力，按照 2014 年全国粮食流通工作会议部署，经深入调查研究，国家粮食局研究起草了粮食流通统计制度改革实施意见，在广泛征求并充分吸收各方面意见建议的基础上，2014 年 9 月经国家粮食局深化改革领导小组审议通过。2014 年 11 月印发了《关于深化粮食流通统计制度改革的实施意见》，该实施意见明确了统计改革的总体目标、基本原则和主要任务，为推进改革指明了方向，统计制度改革取得突破性进展。

统计制度改革的总体目标：以“统计数据及时准确、流通实绩真实可靠”作为粮食统计工作的底线目标，按照“归口统计管理、精简统计指标、优化统计报表、夯实统计基础、提高统计效率”的总体思路，坚持“制度设计在顶层、工作推行在基层”的工作方法，加大统计制度改革和创新力度，构建统一、精简、准确、管用的粮食流通统计体系。

粮食流通统计制度改革的基本原则：一是需求导向，效能优先。以需求为导向，科学梳理现有粮食流通统计体系，厘清任务轻重缓急，确定粮食流通统计中心工作。按照精简效能的原则，确立服从国家调控需要、反映行业发展基本状况、满足阶段性需求的核心指标，更好地为粮食宏观调控服务。二是统筹兼顾，分步实施。根据粮食行业发展变化的需要，兼顾“够用”和“减负”不同取向，兼顾“管用”和“易用”不同要求，兼顾国家和地方不同需求，按照“整体规划、重点突破、试点先行、全面实现”的原则，分步实施、逐步完善，推进粮食流通统计的大变革。三是上下联动，共同推进。在深入调查研究、科学谋划、严密论证的基础上，国家层面做好改革方案的顶层设计，地方粮食行政管理部门结合当地实际，细化方案、及时跟进。各级粮食行政管理部门上下联动、相互配合，共同促进粮食流通统计工作的新发展。

粮食流通统计制度改革的八项主要任务：

（一）推行统计制度改革

以需求为导向，科学设计统计指标，仅保留常规性、可比性、能反映粮食流通状况变化的统计指标，切实减轻基层负担。科学界定统计范围，重新确定统计报送单位，推行统计对象“一张表”。国家粮食局修订印发了《国家粮食流通统计制度（2015~2016 年度）》，制度设计更加科学合理，报表和指标大幅精简，统计报表由 24 张减为 11 张，统计指标由 869 个减为 336 个。

(二)改进社会粮油供需平衡调查

重点调查全社会粮食消费情况，抓好“乡村居民存粮量”和“跨省流通量”两个重点专项调查，切实增强调查数据的独立性和真实性。每年年初发布上年主要品种的消费总量和分项，并对当年消费数据作出预测，切实增强调查数据的时效性和实用性。

(三)强化粮情监测预警

扩大国内粮情监测覆盖范围，优化监测网点布局。定期收集重点国家农产品生产、消费、库存、贸易、价格等信息，及时把握国际粮食市场变化趋势。建立专家会商机制，定期研判国内外粮食市场走势，提出粮食宏观调控的意见和建议。

(四)推进统计信息化

按照信息直报要求，建成全国统一的统计信息采集报送处理平台，开发功能强大的粮油统计信息系统，提高统计工作信息化水平，实现数据采集、在线填报、审核、传输、加工、汇总的电子化和网络化，提高统计工作效率。深化大数据、云计算和物联网等新一代信息技术在信息采集中的应用，加大新型信息采集装备的应用和普及，提高信息采集的效率和反应能力。

(五)创新统计方式方法

建立扁平化管理模式，由目前逐级汇总上报逐步向企业网上直报方式转变。建立以全面统计报表与非全面调查相结合的统计调查方法体系，灵活运用重点调查、典型调查、全面调查等方法，拓宽信息来源渠道。加强与社会力量的合作，开展联合调查和统计“购买服务”试点。

(六)加强统计信息质量控制

健全统计信息全过程质量监控机制，建立重点企业和重点指标信息质量跟踪检查制度，严格日常统计信息质量的评估，实行信息溯源责任追究制。以专项调查促进统计信息质量的提高，结合重点工作，组织开展内容多样的专项调查，与日常报表相关统计信息相互印证。建立和实施统计巡查制度，加大经常性统计执法检查力度。

(七)加快服务型统计建设

转变传统理念，与统计对象建立了新型互惠合作关系。强化统计咨询职能，扩大信息发送范围，及时反馈和提供统计信息资料和统计分析报告。强化统计分析，结合社会关注的热点难点，有效挖掘和利用统计信息，把握粮食市场运行趋势，准确研判供求形势，增强统计工作的预见性、有效性。建立统计信息定期发布制度，通过国家粮食局网站、相关刊物、电视等平台，定期发布粮食收购、销售、价格、消费、加工、仓容等相关统计信息，为统计对象、粮食生产者、经营者和消费者服务。

(八)强化统计保障

加强队伍建设，提高统计人员专业素质。按照事权财权划分的原则，各级粮食行政管理部门积极与财政部门协调沟通，争取将统计经费列入本级财政预算。优化统计环境，建立将涉粮企业执行统计制度情况纳入市场准入、政策性粮油购销和财政补贴资格审核条件等机制，切实提高企业履行统计义务的自觉性，营造依法统计的社会氛围。

四 国有粮食企业改革

2014年，在各级粮食行政管理部门指导下，国有粮食企业积极应对错综复杂的市场形势，深化改革，加大兼并重组力度，创新经营发展模式，提升经营管理水平，继续保持了国有粮食企业统算盈利的良好发展态势。

（一）国有粮食企业改革进展情况

地方国有粮食企业重组力度加大。各地加强对国有粮食企业改革的指导，按照“一县一企、一企多点”模式，加大县级国有粮食企业兼并重组力度，企业资产集中度提高，结构布局不断优化，竞争能力有所增强。同时，一些地方积极发展混合所有制粮食经济，通过实施股权多元化改革，促进国有企业进一步完善公司治理结构，增强了企业活力。据统计，截至2014年年底，全国国有粮食企业总数1.2万个，国有粮食企业职工41.1万人。

国有粮食企业发展模式不断创新。国有粮食企业积极开展粮食产业化经营，通过粮食精深加工，延长产业链条，实现转化增值。一些地方还探索农民社区粮行、大众主食厨房、放心粮油超市、粮油电商网购等新型产业模式和经营业态，为服务消费者，促进“三农”发展发挥了积极作用。

国有粮食企业经营指导不断加强。各地加强对国有粮食企业经营的指导，拓宽融资渠道，规范会计核算，加强经营管理，企业活力增强。各级粮食财会部门积极争取和落实国家财税优惠政策，帮助企业消化经营性粮食财务挂账，为企业经营发展增强了后劲。有的省份针对“危仓老库”、农户科学储粮等专项资金使用管理制定了绩效目标考核办法，有的省份还把企业扭亏增盈任务目标层层分解并作为粮食省长责任制的考核内容，对提高企业经济效益发挥了积极作用。据统计，2014年全国国有粮食企业统算盈利65.5亿元。

国有粮食企业在粮食流通中继续发挥主导性作用。各级国有粮食企业积极服务粮食宏观调控，有力地促进了农民增收，维护了市场稳定。尤其是在应对地震等自然灾害中，国有粮食企业服从服务于调控部署，主动投入抗灾保供工作中，努力保障灾区粮食市场稳定，在关键时刻为保证军需民食发挥了关键性作用。

（二）下一阶段推进国有粮食企业改革与发展的对策

目前，国有粮食企业改革仍处于攻坚阶段，基层企业面临较多的实际困难和制度性障碍，制约了企业改革的深化和进一步发展。解决这些问题，需要通过认真落实粮食安全省长责任制，调动地方政府推进国有粮食企业改革的积极性，多措并举，做强做优做大国有粮食企业。

发展混合所有制粮食企业。大力推动国有粮食企业兼并重组，实现国有资本与集体资本、非公资本等交叉持股、相互融合。除各级储备粮管理企业和军粮供应企业保持国有独资或控股外，其他国有粮食企业都要积极发展混合所有制经济，实行产权多元化，开展自主经营，彻底走向市场，在竞争中优胜劣汰。

推进企业转变发展方式。推动粮食企业与新型农业生产经营主体合作，提供产前、产中、产后服务，提高粮食生产经营的组织化、产业化和社会化程度。指导国有粮食企业加强经营管理，利用现有仓储设施和场地资源优势，发展新型粮食经营模式，灵活开展多元化经营。积极稳妥推进“粮食银行”发展，争取在仓库维修改造、金融和保险业务合作、信息化建设等方面给予“粮食银行”一定政策支持。

促进企业做强做优做大。促进资产、资源向优势粮食企业集中，鼓励企业向收购、仓储、物流、加工、销售等一体化发展，延伸和完善粮食产业链条。支持国内大型粮食企业“走出去”，积极参与国际合作，培育若干个具有国际竞争力的大型粮食企业，不断提高竞争力、影响力。

争取并落实改革和发展的配套政策。一是多渠道筹措资金，弥补国有粮食企业富余职工分流安置资金缺口，维护职工合法权益。采取多种方式做好经营性粮食财务挂账的消化处理工作。二是争取加大对企业粮食经营的信贷支持力度，通过与商业银行合作等方式多渠道筹集粮食收购资金。三是争取各级政府支持，改善国有粮食企业资产质量。四是认真落实已出台的粮油储备企业税收政策，为企业创造良好的发展环境。

第八部分

粮食科技与人才发展

一 粮油标准化

2014年，国家粮食局紧紧围绕国家粮食安全中心工作，不断完善粮油标准体系，进一步健全粮油标准化工作机制，国际标准化活动能力显著增强，粮油标准化工作水平得到全面提升。

（一）发挥标准的政策性和导向性作用，确保收购粮食质量安全

及时解决东北地区玉米生霉粒超标等质量异常问题。为尽早做好东北地区玉米收购准备工作，2014年9月，国家粮食局即下发通知，要求东北三省及内蒙古自治区做好今年玉米农户科学储粮、减少产后损失的宣传活动，减少“地趴粮”，增加农民种粮收入。11月底，东北地区部分省份反映，受天气影响当年玉米生霉现象较为普遍，超标率较高，影响国家临储玉米收购的正常启动。国家粮食局积极协调解决东北地区生霉玉米收购问题，与国家发展改革委等部门赴黑龙江省进行实地调研，会同有关部门向国务院上报了《国家发展改革委关于妥善解决东北地区生霉粒超标玉米收购有关问题的请示》（发改粮食〔2014〕2784号），并起草了相关收购方案，经国务院同意，国家发展改革委、国家粮食局等五部门联合下发紧急通知，调整了玉米收购环节生霉粒含量标准，使东北生霉玉米收购问题得到妥善及时解决，有效保护了农民的利益。

妥善解决新疆临储小麦收购问题。2014年8月，中储粮总公司、新疆维吾尔自治区粮食局相继向国家粮食局反映，新疆高寒地区的新收获小麦中大麦、燕麦、青稞等异种粮粒较多，因无法清理达标，导致小麦杂质超标影响收购工作。对此，国家粮食局专门召集有关单位和专家，专题研讨异种粮粒对小麦加工品质和销售的影响等有关问题，根据专家的论证结果，与财政部等有关部门沟通协调，合理调整了新疆高寒地区临储小麦收购标准。

做好标准宣贯工作，加强标准执行情况监督检查。各级粮食行政管理部门利用各种宣传手段，广泛宣传标准和质价政策，指导农民开展庭院科学储粮，减少粮食产后质量下降带来的损失。在粮食收购现场，做到“标准上墙，政策上榜，标准样品上台”，让农民切实了解国家粮食收购政策、质量标准和收购价格，避免压级压价等现象发生。与人大代表、管理部门和收储企业进行沟通交流，通过电视台、广播等新闻媒体，广泛宣传国家标准和粮食收购政策。各级粮食行政管理部门，采取各种形式明察暗访，检查收购一线执行政策和国家标准情况，及时发现和纠正存在的问题，保证国家标准和政策的有效执行。

（二）以保障国家粮食安全需求为核心，进一步完善粮油标准体系

配合“粮安工程”、节粮减损等重要工作，统筹安排行业亟需的粮油标准制修订。2014年

共发布标准37项，其中《粮油储藏技术规范》等国家标准6项，《牡丹籽油》、《挂面》等行业标准31项。报批《玉米储存品质判定规则》等国家和行业标准19项。组织审定国家标准和行业标准61项。下达粮食收购、快检技术、粮食仓储、木本油料、适度加工等行业标准制修订计划66项，向国家标准委申报标准计划项目83项。全力推进木本油料、露天储粮技术规程、进口大米粒型分类等重点标准的制修订。积极参与涉及粮食的食品安全标准制修订工作。

同时，针对当前粮食收购中存在的突出问题，有针对性地开展标准研究和标准后评估工作。组织开展了适用于稻谷收购的重金属镉快速测定技术的标准适用性评估，X-荧光、原子荧光、原子吸收、阳极溶出等新技术被评估，为解决粮食收购重金属含量超标把关提供了技术支撑。对玉米色变粒产生机理和归属检验、玉米生霉粒检验尺度、冰冻高水分玉米容重测定、真菌毒素快检技术等进行研究，较好地解决了粮食收购质量把关问题。

(三)创新工作体制机制，构建粮油标准科学管理框架

完成全国粮油标准化技术委员会换届工作。在第一届全国粮油标准化技术委员会框架下，国家粮食局根据当前粮油标准化工作的实际，结合换届积极扩大相关部门和行业的粮油标准参与程度，成立了第二届全国粮油标准化技术委员会。新一届委员由相关部委、科研院所、院校、粮食管理、质量检验、大型企业的84人组成，使粮油标准化专家队伍进一步壮大，人员、专业结构更加合理，为进一步提高粮油标准科技水平和工作效率提供了组织保障。

构建国家粮油标准研究验证测试体系。为改变粮油标准研究验证测试能力不足、力量分散、工作不系统不规范等问题，国家粮食局从现有科研、院校、质检机构和大型企业中，遴选公布了77个机构作为国家粮油标准研究验证测试机构。这些机构承担了大量标准制修订验证工作，保证了新标准的科学性和规范性，促进了粮油标准制修订水平的提高。

二　粮食信息化

2014年，国家粮食局重点研究了“智慧粮食”的建设思路，并以库存粮食识别代码(以下简称“识别代码”)技术为先导和基础，开展试点工作，围绕“科技兴粮”、推进粮食行业信息化积极创新实践，取得了阶段性成果，也为2015年的信息化工作梳理了思路，奠定了基础。

加强“智慧粮食”顶层设计研究。从年初开始组织相关专家从技术与管理相结合、能落地、见实效的角度，对“智慧粮食”的整体构架进行研究设计，注重适用、好用、管用。到江苏、山东等粮食行业信息化先行省

份调研、座谈，听取意见，征询需求，为做好统一设计集思广益。对大数据、云计算及物联网等先进信息技术在粮食行业的应用，及其对说全、说准、说清粮情的意义，进行了理论推演，提出了基本功能“1+3”的划分，即“供需平衡”“库存监管”“目标价格”“质量追溯”；提出了以数据为核心，建设国家粮食局的数据资源处理中心和应用集中部署平台的构想，促进互联互通和顶层示范。为此，多次组织研讨对接，加强与中国气象局、中科院遥感所、北京大学、国家信息中心、航天信息股份公司及天云大数据等单位的沟通合作。这些工作对于理清和最终形成“智慧粮食”建设思路作了重要探索和铺垫。2015年信息化工作基本确定以国家粮食局本部信息化建设为重点，夯实顶层设计示范引领的基础；同时以行业的信息化建设和继续深入推进识别代码试点为两项重要内容。三者之间内在有机相连，相互呼应。

开展识别代码试点工作。2014 年，识别代码的工作设想从后台走向前台。通过到江苏、山东等省实地调研，以及多次征求局内业务司（单位）、试点意向省份及技术单位的意见，对识别代码的设计进行完善，提出了由根代码、当前码、来源码、代码标识和二维码组成的编码规则和“上传”“下传”的工作原理。4 月，完成了识别代码试点的工作方案和技术路线，在此基础上形成了《库存粮食识别代码》标准草稿，编制了识别代码登统软件。5 月，在江苏、山东率先试点，登统软件采取外挂方式运行，在试点企业生成了识别代码，初步验证了识别代码的运行机制。9 月，根据试点问题与经验，进一步完善识别代码的设计，初步提出要关联的信息范围，并对指标定义、格式等作了规范，推动数据标准化；编制和发放识别代码平台软件，将试点扩大到 13 个省份和 3 大央企的部分企业，在北京举办了专门的动员和培训活动。扩大试点后，试点省份基于平台软件探索建立省级汇总平台，并按月通过库存统计上报渠道上传识别代码及其关联数据；部分试点企业在“下传”的同时探索登统软件的嵌入运行。在此过程中，《库存粮食识别代码》标准及其关联信息根据试点情况不断调整、完善。2015 年，《库存粮食识别代码》将作为行业标准正式发布，之后将根据标准完善并定型识别代码登统软件，推出开源基础版，以供粮食企业改造自有系统嵌入运行或直接应用。识别代码试点将围绕库存监管、质量追溯等重点需求深入展开，用好识别代码这个技术手段，提升针对性、普适性和兼容性，并探索配套的管理制度，倒逼体制机制。同时，完善平台软件的设计，推动相关平台建设及识别代码应用落地。

专栏　2014全国粮食科技创新大会

2014年11月16~17日，国家粮食局在北京召开了全国粮食科技创新大会。这是自2006年以来再次召开的全国性的粮食科技创新大会。会议部署了深化粮食科技体制改革的重点工作，进一步推动粮食科技创新，讨论粮食科技创新“十三五”发展规划思路，发布了粮食储藏“四合一”成套新技术新工艺集成创新、呕吐毒素超标小麦安全利用技术、库存粮食识别代码及物联网技术应用、食用植物油适度加工关键技术4项粮食科研重大成果和前沿技术，为国家粮食局科学研究院、中储粮成都粮食储藏研究所等10家第一批科技兴粮示范单位授牌。国家粮食局科学研究院、江苏省粮食局、江苏牧羊集团等6个单位作了典型经验交流。

会议强调，当前正值新一轮国家科技体制改革即将启动的关键时期，全国粮食系统要从保障国家粮食安全的战略高度和粮食流通事业科学发展的全局高度，深刻认识实施科技兴粮工程，促进粮食科技创新发展的重要性、紧迫性，增强切实抓好粮食科技工作的责任感、使命感。确保谷物基本自给、口粮绝对安全，把13亿中国人的饭碗牢牢端在自己手中，最大潜力在科技，根本出路在科技。实施科技兴粮工程、促进粮食科技创新发展是贯彻国家粮食安全战略的根本要求，是粮食行业落实创新驱动发展战略的迫切需要，是实现粮食流通科学发展的根本途径。粮食科技工作既要“上天”，把保障和支撑国家粮食安全作为“天大的责任”和“天高的使命”；又要“落地”，科学研究要紧密结合国情、粮情，技术创新要紧贴行业需求、公众需要，突出解决最急需、最关键的科技难题。要紧密结合粮食流通实际，科学把握方向，着力破解难题，积极稳妥推进粮食科技体制改革，把全面实施科技兴粮工程、促进粮食科技创新发展作为粮食行政管理部门的重要职责落实好。

会议指出，至2020年，粮食科技创新发展的主要任务是“围绕一个中心、构建两个体系、实施三大工程”，即：以“科技兴粮”为中心目标，深入推进粮食科技体制改革，提升行业自主创新能力，加快构建开放、科学、高效、实用的粮食科技创新平台体系和成果推广体系，大力实施“科技创新”“科技示范”和“智慧粮食”工程，为确保国家粮食安全、提升粮食流通产业现代化水平提供强大动力和有力支撑。

三 粮食科技创新

按照党的十八大、十八届三中、四中全会和中央农村工作会议的统一部署，围绕保障国家粮食安全的核心任务，贯彻“以我为主、立足国内、确保产能、适度进口、科技支撑”的国家粮食安全战略，在深化粮食科技体制改革，优化粮食科技创新机制，转变粮食科技管理职能，提升粮食科技创新能力等方面，积极探索，不断创新，以公益性行业科研专项为抓手，大力实施“科技兴粮”工程，迈出了粮食科技体制机制改革和创新发展的坚实步伐。

（一）深化粮食科技体制改革，研究提出推进粮食科技体制改革和创新新举措

为深入贯彻实施创新驱动发展战略和国家粮食安全战略，落实《国务院关于改进加强中央财政高科技项目和资金管理的若干意见》、《中共中央 国务院关于深化科技体制改革加快国家创新体系建设的意见》，针对新形势下强化科技支撑保障国家粮食供应安全的重大需求，粮食科研与行业结合不够紧密，粮食科技创新体系不完善，产学研用协同创新机制不健全，粮食成果转化不够，应用推广“最后一公里”不畅，粮食科技成果需求聚焦和引领不够等问题，以“科技兴粮”为中心任务，以粮食科技创新任务形成机制为突破口，研究提出《深化粮食科技体制机制改革工作方案》。通过广泛征求意见，形成了《国家粮食局关于深入粮食科技体制改革和加快创新体系建设的意见》（送审稿）。明确了基本思路是：围绕贯彻中央确定的国家粮食安全战略，以科技兴粮为中心任务，凝练行业科研需求，聚焦国家重大科研任务，有所为有所不为，统筹推进粮食科技体制机制改革和粮食科技创新体系建设，激发人才创新活力，加快转变政府部门科技管理职能，强化科技同经济对接、创新成果同产业对接、创新项目同现实生产力对接、研发人员创新劳动同其利益收入对接，增强科技创新能力，增强科技进步对粮食经济发展的贡献度，为确保国家粮食安全、提升粮食流通产业现代化水平提供强大动力和有力支撑。

明确了五项科技体制改革任务：一是聚焦行业需求，把准粮食科技创新主攻方向。强化科研任务顶层设计，建立科技需求信息渠道，凝练重大科研任务建议，创新粮食科研评价机制；二是健全创新体系，构建粮食科技协同创新平台。继续深化粮食科研院所改革，促进产学研用深度融合，发挥高校、地方科研院所和质检机构的作用，促进粮食科技创新资源开放共享；三是加强成果推广，推进粮食科研、设计、产业一体化。加快粮食科技成果推广应用，加大科技推广服务力度；四是健全激励机制，激发科技创新人才活力。优化科研环境，加快健全高层次创新人才培养机制，壮大粮食科技创新队伍；五

是转变管理职能，增强为科技发展的服务能力。改革粮食科技管理机制，加强科技管理服务。

(二)继续实施好粮食公益性行业科研专项

改革创新，聚焦行业需求。一是落实《中共中央办公厅　国务院办公厅关于厉行节约反对食品浪费的意见》及2014年全国粮食流通工作会议确定的全面实施“粮安工程”和“大力实施科技、人才兴粮工程”等重点工作任务，在广泛征集行业科技需求并聚焦国家导向的基础上，建立健全顶层设计机制，强化需求导向和应用导向，提高项目的系统性、针对性和实用性，强化成果服务社会公益事业，遴选全国优势科研团队参与粮食科研。采取“公开申报、竞争择优”形式组织。围绕粮食绿色生态储藏、节粮减损、粮食信息化、粮油质量安全、粮食现代物流5个领域，提出了2015年公益专项11个重点项目申报指南，要求体系化、链条式的思路设计研究任务，有明确的用户，着力解决关键技术瓶颈，强调要形成创新性的工艺、产品、设备、标准规范、数据库等实用科技成果，并开展集成示范应用。经过发布指南公开征集、评审，最终确认了11个项目候选单位。经过科技部门的查重论证，明确了9个项目作为2015年粮食公益性行业科研专项候选项目。二是加强公益项目督导评估。在研项目管理中，按照发挥第三方监管作用的管理思路，发挥粮食行业专家的作用，研究制定了《粮食科技项目督导评估管理试行办法》，按照全程跟踪、独立监管、重点帮扶的实施思路，邀请督导专家参加2013年、2014年公益性行业科研专项19个项目启动、参与中期评审和检查，对项目研究思路、成果效益等提出意见建议，优化研究技术路线，确保成果的实用、可用、好用。三是2014年9月组织了“粮食公益性行业科研专项项目财务及实施管理培训班”。邀请财政部有关同志对《国务院关于改进加强中央财政科研项目和资金管理的若干意见》（国发〔2014〕11号）进行政策解读，通过讲解预算编制、审计要点、常见问题和最新要求，交流了公益专项项目管理和科研项目资金管理的经验，提高项目法人单位及项目参与者的管理能力。

加强公益性基础研究，取得一批阶段成果。2013~2014年粮食公益性行业科研专项承担单位积极开展创新研究，2014年19项粮食公益性行业科研专项共计到位国拨经费1.96亿元，44家科研单位积极开展科研创新。“储粮通风、临界温湿度及水分控制技术研究”“储粮虫霉检测与生态控制技术研究”“粮食中真菌毒素脱除与卫生污染物监控研究”“粮油质量安全检测技术研究”等公益性、基础性强的研究任务，围绕粮食行业科技创新需求，目前已取得一批阶段性科研成果。例如“千粒重计数仪”“一种基于压力传感器的粮食水分在线检测装置”“环保型移动式汽车卸粮机”“环保型移动式输送机”“一种基于总重检测的谷物循环干燥系统”“单元化成品粮储备库移载穿梭车系统、物流运输系统及仓储方法”“粮库立体扦插管”“粮库用输风管”等一批发明及实用新型专利，支撑行业提升自主创新能力。同时，项目组还开发了多种剂型的多杀菌素及植物杀虫药剂，防霉活性化合物高通量筛选模型并获得高抗性菌株、分离纯化了30余株储粮真菌，研究提出了油脂中氯丙醇、外源污染物的筛查方法，确定了营养主食再生米基本加工工艺并优化了流程，并已开展粮食信息化技术成果在示范库点的应用探索，为行业科技发展提供了有力的技术支撑。

表 8-1 2014 年粮食公益性行业科研专项立项表

项目编号	项目名称	项目承担单位
201413001	粮食安全信息化保障体系与技术研究	航天信息股份有限公司、国贸工程设计院、北京方位捷迅科技有限公司、河南工业大学、北京交通大学
201413002	我国粮食现代储备体系及相关技术研究	国家粮食局科学研究院、武汉轻工大学、北京大学、国贸工程设计院
201413003	基于大数据的储藏数据采集、挖掘及云服务技术	北京大学、航天信息股份有限公司、河南工业大学、北京航天金泰星测技术有限公司、中国科学院遥感与数字地球研究所、盛三届（北京）数据分析有限公司、中国电子科技集团公司第十五研究所、北京大学
201413004	基于物联网的储备粮动态监管技术集成与示范	航天信息股份有限公司、江苏粮油商品交易市场、山东齐河国家粮食储备库、湖北省储备粮油管理有限公司、安徽现代粮食物流中心库、四川粮油批发中心、深圳粮食集团、北大荒粮食集团
201413005	“北粮南运”散粮高效运输系统化技术装备研发	中粮工程科技（郑州）有限公司、安徽微博长安电子有限公司、中国农业机械科学院研究院
201413006	粮食干燥节能综合技术	南京财经大学、北京中竞同创能源有限公司、辽宁粮食科学研究所、北京邮电大学、中储粮成都粮食储藏科学研究所
201413007	粮食品质保持减损新技术研究	武汉轻工大学、河南工业大学、南京财经大学、西安中粮工程研究设计院有限公司、湖南省粮油科学研究设计院、湖北省粮油质检站

（三）做好科技支撑计划项目管理

“十二五”国家科技支撑计划项目“数字化粮食物流关键技术研究与集成”实施进展顺利。该项目围绕粮食流通管理过程中信息技术应用和数字化技术推广中存在的瓶颈问题进行攻关，目前项目进展顺利，取得了阶段成果。初步形成了粮食储藏生态理论模型，制定了粮食主要储运特性参数的数据格式和规范，完成了粮食收储近红外检测设备及组网技术的研发工作，网络式的近红外检测设备已经生产样机，开发了粮食仓储气体检测技术研究及设备，研制了新型无线传感数据采集节点设备和多协议兼容的数传终端设备，研制出基于GPS/北斗/3G的可视化成品粮应急保障的专业信息追踪设备的原型机，初步建立了区域应急供应计算模型，游离脂肪酸快速测定装置与检测方法的发明专利获得授权。项目组还将围绕研究成果应用和落地，积极开展科技攻关和技术示范，以创新成果服务产业发展。

“十二五”支撑计划项目“粮食节能增效新

技术研究开发与应用”通过验收。该项目围绕粮食行业节能技术应用瓶颈，探索绿色节能技术在粮食行业的应用。玉米保质节能烘干技术显著提高了节能效果，还建立了我国地下储粮新仓型实验模型，为粮食行业进一步推广应用节能增效绿色储粮技术拓展了思路。项目还围绕粮食储藏技术需求，建立了小麦、稻谷、玉米储藏研究平台，对粮食储藏中温度、水分、湿度、害虫、霉菌等关键生态因子的相互作用、临界关系和调节控制方法进行了研究，搭建了模拟调控平台。该项目还从生物技术应用角度，构建了多杀菌素高产菌株高通量筛选体系，合成了数种多杀菌素衍生物产品，为生物技术等新型技术在粮食行业应用提供了技术支撑。经过 3 年的研究，项目共计突破共性关键及重大装备技术 13 项，19 项专利获得国内专利授权。

2015 年国家科技支撑计划候选项目“玉米及其加工副产物中玉米赤霉烯酮和脱氧雪腐镰刀菌烯醇消减技术研究及示范”已通过了科技部组织的项目和课题论证。该项目将开展玉米赤霉烯酮和脱氧雪腐镰刀菌烯醇（ZEN/DON）高效降解菌（酶）的规模化示范生产，玉米深加工污染副产物中真菌毒素消减技术与示范及燃料乙醇生产副产物 DDGS 中真菌毒素消减技术研究与示范等。该项目将作为粮食行业应用生物技术解决真菌毒素污染的重点任务深入开展工业化技术应用。

首批国家信息化试点示范项目“基于 RFID 的区域粮食流通管理试点应用”通过国家粮食局组织的专家组验收。该项目由航天信息股份有限公司承担、2008 年立项的国家信息化试点示范项目，开创性地在粮食流通领域应用了 RFID、多传感器等物联网技术，研发了基于 RFID 的出入库粮食系统、粮食快速收纳系统、粮食仓储作业执行系统（MES）、自动称重系统（DCS）、基于有源标签的库区、移动设备跟踪管理系统、低温储粮控制技术与系统、空调准低温储粮远程集中控制技术与系统、智能通风控制设备及系统、粮食仓储多传感器集成设备及系统、粮库三位可视化管理系统、粮库移动管理系统等一系列粮食仓储管理技术和应用系统，提高了粮库信息化应用水平。

继续实施“国家粮食储运监管物联网应用示范工程”取得明显成效。由江苏省粮食局、中储粮总公司、深粮集团等单位承担 2012 年启动，以“北粮南运”为载体，通过应用、推广物联网技术，提升粮食宏观调控、粮食仓储物流的技术水平，构建粮食储运物联网感知体系，实现粮食流通该信息的共享。2014 年各建设主体共建成 47 个基于物联网技术应用数字粮库示范库点，15 个库点在建。通过应用粮食出入仓系统、粮库管理信息平台、粮食仓房传感器等物联网技术，示范企业已实现了公司内部信息互联互通，粮食数量、质量信息实时上传，不仅保证了粮食企业提高作业量，实现更高经营效益，更显著地提升了粮食流通监管效率，在示范区域内，部分物联网技术示范库点的信息已实现区域互通，提高了管理效率，实现了信息实时可视化。

2012 年立项的 5 项农业科技成果转化项目通过验收。2012 年度立项的农业科技成果转化资金项目“固态发酵制备高效、安全菜籽蛋白肽生产技术中试”“高纯度 α-亚麻酸乙酯制备工艺技术转化”“留胚米高效节能生产技术装备的中试转化”“粮食烘干设备在线水分测控系统优化及推广”“油脂干式冷凝真空脱臭系统的转化”5个项目进行了验收，各项目均完成了转化目标，实现了粮食领域科技成果向产业的转化工作，为行业科技成果产业化奠定了基础。

(四)推进粮食科技创新平台建设

5个粮食产后国家工程实验室进展顺利并取得了丰硕的成果。粮食发酵工艺与技术国家工程实验室已于2014年6月7日通过了教育部组织的验收，目前已经形成了充分利用稻米内源性营养的主食加工技术及发酵技术等重要关键技术。小麦与玉米深加工国家工程实验室建设顺利，具备验收条件。以“提高粮食加工生产效益和综合利用”为目标，突破粮食深加工产业领域关键技术10项，荣获省部级以上奖励13项，有47项科技成果实现了工程化转化，成果应用于120余家企业。粮食储运国家工程实验室以平台为支撑，已完成多项国家、地方及企业委托项目，深入开展了粮食储运科技的基础研究，取得了一系列的研究进展和成果。稻谷及副产物深加工国家工程实验室建成了粮油深加工与品质控制湖南省重点实验室、粮油深加工与品质控制湖南省2011协同创新中心等多家省级与稻米有关的研发平台。粮食加工机械装备国家工程实验室建设小麦、油脂加工装备的社会化产业技术创新平台，实现创新成果研发、转化及产业化一体化运行模式。完善稻谷加工及仓储技术装备的产业链。

(五)举办粮食科普宣传活动

为落实中共中央办公厅、国务院办公厅《关于厉行节约反对食品浪费的意见》(中办发〔2014〕22号)精神，2014年5月17日至24日，国家粮食局首次联合教育部、全国妇联举办以“科学食粮，健康圆梦——粮食科普进社区进家庭”为主题的2014年粮食科技活动周宣传活动。本次活动提高了全社会对粮食工作的认知与参与意识，提高了城乡居民的“爱粮惜粮”意识和“科学食粮”意识。在全国31个省(自治区、直辖市)及200多个地级市的相关部门，河南工业大学、南京财经大学、武汉轻工大学、南开大学、吉林农业大学等多所大学积极开展宣传活动。会同有关部门深入开展爱粮节粮减损进学校、进军营、进家庭、进企业、进机关等专项行动。组织专家参加的“科技列车赣南行”科普小分队，深入赣南乡村、社区、企业和学校，开展粮油科普知识宣传。向赣州市火燃村农户捐赠了200套科学储粮仓；组织农户观看了由中央新闻纪录电影制片厂录制的《农户储粮实用技术》科普电影。活动期间共走进1.7万个社区，面向3.8万个家庭进行了科普宣传，开展了310多场粮油营养健康科普讲座，参加人数达125万人。中央电视台等全国30多家主流媒体刊载新闻报道103篇，网络转载39.5万条。活动形式新颖，内容贴近大众，社会影响力大，深受社会各界好评。

国家粮食局、中国科协还联合开展2014年“爱粮节粮优秀科普作品”推介活动，广泛征集和宣传爱粮节粮科普作品，推荐一批关于营养健康科学消费的优秀粮食科普图书、科普微视频和科普期刊等。经过征集和专家评选，2项微信、1项科普电影，9项微视频，1项图书共13项作品作为爱粮节粮优秀科普作品。

专栏 科技兴粮工程

国家粮食局局长任正晓指出，要确保谷物基本自给、口粮绝对安全，把13亿中国人的饭碗牢牢端在自己手中，最大潜力在科技，根本出路在科技。但我国粮食科技发展存在创新体系不完善、科技项目与粮食行业发展需求存在差距、科技成果转化为现实生产力的能力较弱等问题。为促进粮食科技创新，近年来国家粮食局大力实施“科技兴粮”工程，加快构建开放、科学、高效、实用的粮食科技创新平台体系，着力推动粮食科技进步；健全科技成果推广服务体系，增强科技成果转化能力。

“科技兴粮”工程的总体思路是：围绕落实中央确定的“以我为主、立足国内、确保产能、适度进口、科技支撑”的国家粮食安全新战略，坚持问题导向，聚焦行业重大需求，激发人才创新活力，深化改革、强化创新、重点突破、引领发展。

“科技兴粮”的主要任务是：以科技兴粮为中心目标，深入推进粮食科技体制改革，提升行业自主创新能力，加快构建开放、科学、高效、实用的粮食科技创新平台体系和成果推广体系，大力实施“科技创新工程”“科技示范工程”“智慧粮食工程”三大工程，为确保国家粮食安全、提升粮食流通产业现代化水平提供强大动力和有力支撑。其中，粮食“科技创新工程”，聚焦产业重大需求和产业化目标，着力突破保障国家粮食安全一批重大、核心、关键科技问题，在2020年之前全面实现粮食行业在技术和装备水平的升级换代，使我国的粮食科技水平从部分达到国际先进水平，提升为全面达到国际先进水平、部分达到国际领先，实现从粮食大国到粮食强国的转变。粮食“科技示范工程”，推动粮食科技进厂入库、进村入户，充分调动各类主体的积极性，加强技术集成示范、培训、展示和交流，共同为粮食企业和农户等提供先进实用、可靠方便、优质价廉的科技服务，合力破解粮食科技成果转化效率不高、产学研脱节、“最后一公里”等难题。“智慧粮食”工程，是运用物联网、大数据、云计算、空间地理和遥感信息集成等新一代信息技术促进粮情监测预测预警和服务管理精细化、智慧化的新理念、新平台、新模式，是为政府部门、市场主体等提供及时全面的信息服务，具有开放性、适应性、成长性特征的信息生态系统。

“科技兴粮”工程的实施已经初见成效。“科技创新工程”强化了科技创新平台体系建设，完善了科技创新机制和创新体系，在粮食储存、物流、质检、加工、信息化等领域取得了一系列科技成果。“科技示范工程”已建立起了不同梯次的科技示范体系，如农村粮食产后科技服务示范体系、高标准现代化粮食储备示范库等，引领了科技应用。2014年12月国家粮食局评选出了第1批“科技兴粮示范单位”，以表彰在科技兴粮中取得突出成绩的单位。“智慧粮食工程”启动了第一批次项目，主要包括粮食供需平衡预测、粮食库存监管、为目标价格试点和种粮直补提供基础数据、粮食质量安全可追溯试点等。作为基础工作的“库存粮食识别代码系统”试点正在深入推进，4个粮食公益科研项目也已经启动，“粮食储运监管物联网应用示范工程”和传感器专项也正在实施。

四　粮食人才发展

(一)粮食机构基本稳定

近三年粮食行业机构较为稳定，今年略有增加。2014年年底，全国粮食行业单位总数为43809个，其中：行政机关2452个，事业单位3392个（其中：参公管理事业单位587个），粮食经营企业37965个（其中：国有及国有控股企业14480个，非国有企业23485个）。

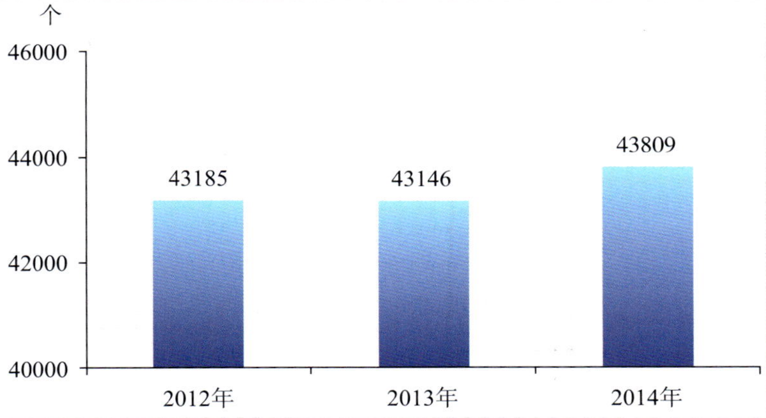

图 8-1　粮食行业机构总数变化情况

(二)人才队伍壮大，但人才紧缺仍未改善

1. 行政管理部门和事业单位人才总量略有减少，国有企业人才队伍壮大

截至2014年12月底，全国粮食行政机关和事业单位共78461人，人数同比减少4.42%；国有及国有控股企业518773人，同比增加10.05%，增幅较大的前5位是中粮集团、吉林、重庆、中储粮总公司、辽宁，扭转了近几年国有企业人数下滑的趋势。

2. 专业技术人才和技能人才队伍逐步壮大，但比例仍然偏低

从近5年情况来看，专业技术人才队伍从114722人增长到134126人，增长16.91%，增长较快的前5位是中粮集团、黑龙江、江苏、河南、安徽。技能人才队伍从150802人增长到187624人，增长达24.42%，增长较快的前5位是江苏、黑龙江、中粮集团、中储粮总公司、四川。这反映出行业专业技术人才和技能人才队伍不断壮大，人才工作得到行业的广泛重视，尤其是黑龙江、江苏等省级粮食行政部门及国有粮食企业大力培养专业技术人才、技能人才，成绩显著。另一方面，专业技术人才和技能人才比例仍然偏低。2014年年底，专业技术人才134126

人，仅占在岗职工的12.40%；技能人才187624人，仅占在岗职工的17.35%。

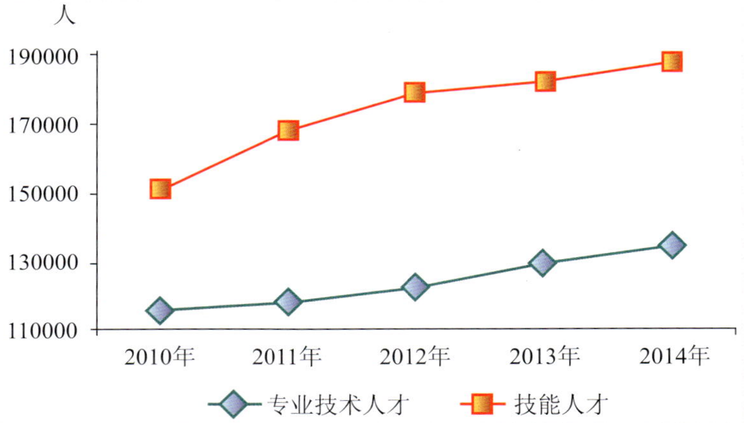

图8–2 近5年粮食行业专业技术人才、技能人才队伍建设情况

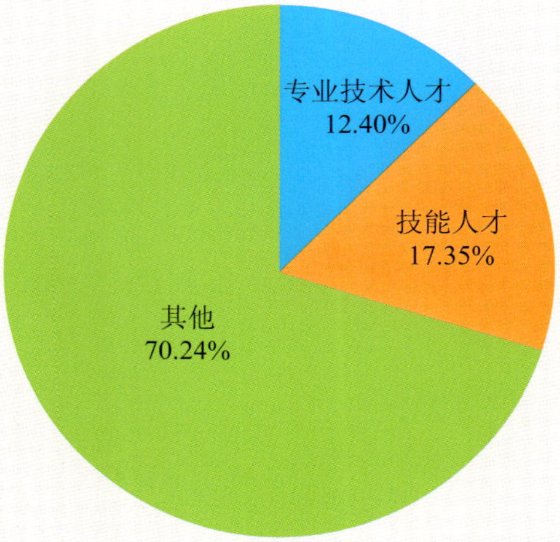

图8–3 专业技术人才和技能人才占比情况

（三）国有粮食系统人才总量趋于稳定，整体素质进一步提高

1. 国有粮食系统人才队伍发展不均衡，公务员人数减少较多

2014年国有粮食系统职工总人数654881人，同比增加6.27%。其中：在岗职工576687人（长期职工559955人，临时工16732人），同比增加8.57%；离开本单位仍保留劳动关系的职工78194人，同比减少8.09%。公务员30970人，同比减少7.22%；企事业管理人员126635人，同比增加17.69%；专业技术人员84433人，同比增加10.34%；工人317917人，同比增加7.51%（其中：技术工人96509人，同比增加5.1%）。

从近3年的情况来看，国有粮食系统企业经营管理人才、专业技术人才、技能人才三支人才队伍逐年稳步壮大，发展态势良好。

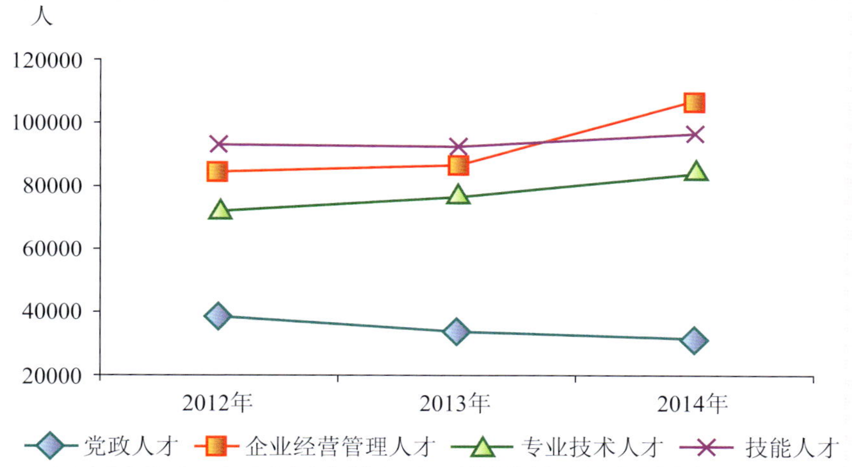

图 8-4 近3年四支人才队伍建设情况

2. 高层次人才比重继续提高

2014年，高层次专业技术人才继续增加，从2010年的3055人增加到2014年的3731人，增幅为22.13%，这表明，自2010年实施行业人才规划以来，国有粮食系统各级单位部门重视人才培养，加大人才投入力度，取得了明显成效。但同时我们还应看到，高级专业技术人才仅占专业技术人员的4.42%，培养任务仍然任重道远。

表 8-2 专业技术人员结构

类别	总数	高级职称	中级职称	初级及以下
人数	84433	3731	21796	58906
占专业技术人员总数	-	4.42%	25.81%	69.77%

3. 职工学历层次进一步提高

2014年年底，国有粮食系统职工中，研究生9326人，占总人数1.42%；大学本科79482人，占总人数12.14%；大学专科145938人，占总人数22.28%；中专116939人，占总人数17.86%；高中183706人，占总人数28.05%；初中及以下119490人，占总人数18.25%。

国有粮食系统职工大学以上学历88808人，占职工总数的13.56%，比2010年增长5.27个百分点。其中，在学历层次普遍偏低的技术工人中，大学以上学历人员比重从

2010年的2.94%提高到2014年的6.11%，增长了3.17个百分点。在普通工人中，大专以上学历人员达到20.18%，比2010年增加了9.28个百分点；初中及以下学历为27.64%，比2010年减少了4.87个百分点。

以上数据表明，各级粮食部门越来越重视职工教育培训工作，广大职工积极学习，尊重知识、尊重人才的良好氛围正在逐步形成。

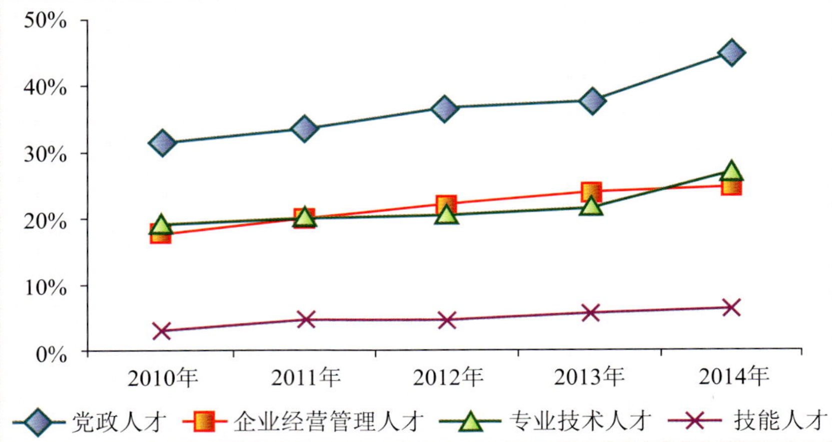

图 8-5 国有粮食系统四支人才队伍大学以上人员比例

表 8-3 国有粮食系统普通工人学历情况

项目	2010 年		2014 年	
	人数	比例	人数	比例
大专及以上学历	22842	10.90%	44228	20.18%
中专及高中学历	118600	56.59%	114390	52.18%
初中及以下学历	68148	32.51%	60592	27.64%
普通工人总数	209590		219210	

4. 年龄老化压力较大

从近5年情况来看，国有粮食系统党政人才队伍中，45岁以下中青年职工呈减少趋势，与此同时，企业经营管理人才、专业技术人才和技能人才三支人才队伍46岁以上人数明显增加。其原因主要有两点：一是党政机关、事业单位分配机制不灵活、工资待遇偏低，留不住人才；二是进人渠道不畅，在年龄自然增长的情况下，后备力量得不到及时补充。

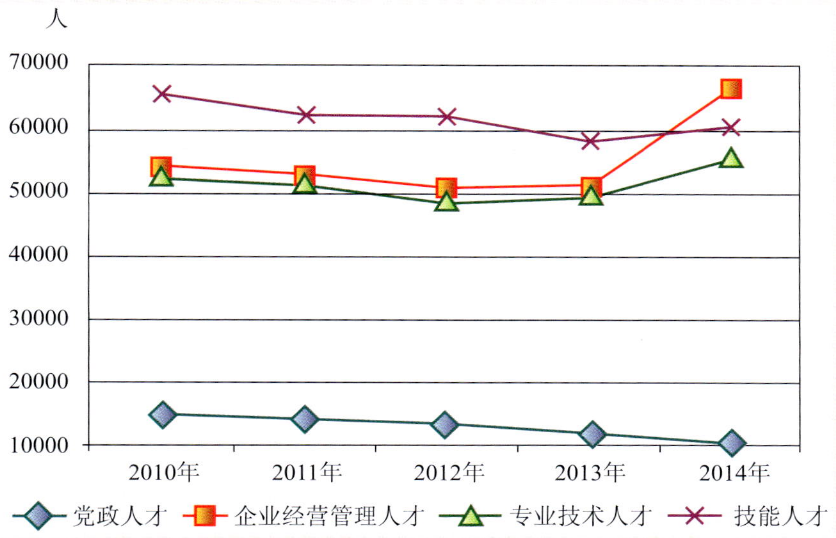

图 8-6　近 5 年国有粮食系统四类人才队伍 45 岁以下情况

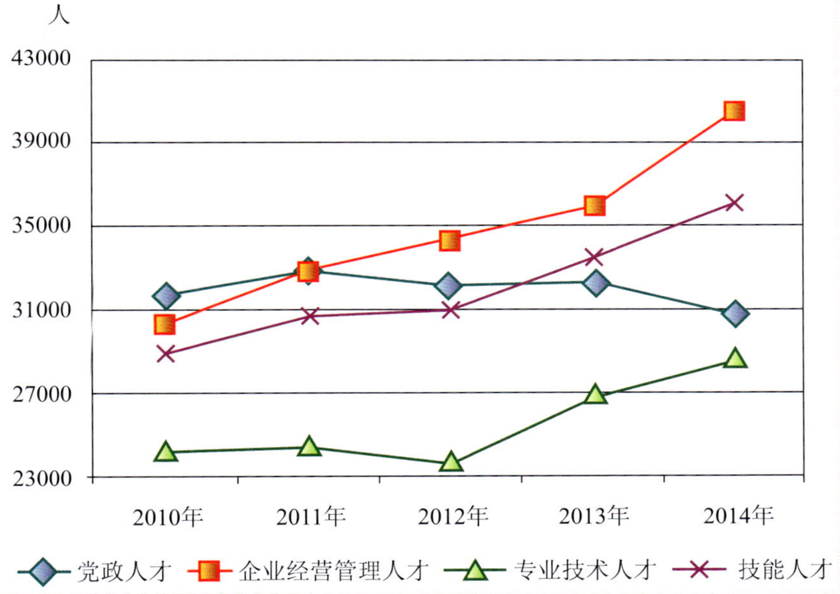

图 8-7　近 5 年国有粮食系统四类人才队伍 46 岁以上情况

(四) 培训力度进一步加大

2014 年国有粮食系统积极开展教育培训工作，系统职工参加职业技能、学历教育、各类政治理论和业务培训共 282890 人次，参训率达 43.20%，参训人次同比增加 5.91%。

从培训类型来看，2014 年职工参加企

事业管理人员培训、专业技术人员培训和学历学位教育培训的人次有所增加，其中参加企事业管理人员培训47375人次，同比增加22.87%；参加专业技术人员培训50447人次，同比增加5.83%；参加学历学位教育培训1804人次，同比减少49.75%。

另外，公务员全年参加培训共35121人次，参训率为113.4%；企事业管理人员全年参加培训共83972人次，参训率为66.31%；专业技术人员全年参加培训共54680人次，参训率为64.76%；工人全年共参加培训102124人次，参训率为32.12%。

专栏　人才兴粮工程

2015年，国家粮食局大力实施人才兴粮战略，全面落实粮食行业人才体制改革各项任务，人才兴粮工程推进取得了实质性进展。

党政人才能力提升工程。以提高领导水平和执政能力为核心，构建理论教育、知识教育、党性教育和实践锻炼“四位一体”的干部培养教育体系，2014年，全国粮食系统1804人参加学历学位教育提高了学历层次和知识水平，93650人次参加政治理论培训。各级粮食系统进一步加大党政人才粮食业务知识培训。国家粮食局举办了首期全国粮食局长培训班，37名各省（自治区、直辖市）粮食行政管理部门负责人参加培训。大规模开展粮食宏观调控、应急管理、行政执法、监督检查、财会统计、仓储管理和质量安全业务培训，14912人次参加专门业务培训，9497人次参加知识更新培训。

专业技术人才培养工程。以高层次创新型人才和紧缺人才为重点，国家粮食局举办了两期创新领军人才培训班，截至2014年年底累计培训了280名高层次专业技术人才。各级粮食部门也以本地区优秀专业技术人才为重点开展知识更新培训，全国共有70229名专业技术人才参加业务培训。

高技能人才培养工程。以提升职业素质和职业技能为核心，以技师和高级技师为重点，大力加强高技能人才培养，全年举办了42期高级工及以上等级培训班，1504人参加培训，新增高技能人才1177人，北京市西南郊粮食收储库粮油保管员高玉柱高级技师被评为“全国技术能手”。在高技能人才队伍的示范带动下，粮食行业技能人才踊跃参加职业技能培训和鉴定，全年共有7100人获得了相应等级国家职业证书。加强职业教育指导，粮食专业建设取得新成绩，《高职粮食专业产教融合、工学交替教学模式改革与实践》和《高职粮食工程专业工学结合一体化人才培养模式的构建和实践》两个项目荣获国家级教学成果二等奖，实现了粮食行业国家级教学成果奖零的突破，颁布了《饲料加工技术》和《粮油储运与检验技术》两个粮食专业中职教学标准。进一步深化产教融合和校企合作，组织粮食专业骨干教师赴大型粮食企业开展实践锻炼，提高专业师资结合生产实际教学的能力。

粮食经纪人培育工程。为进一步扩大粮食经纪人培训力度，充分发挥基层粮食行政管理部门、企业和行业组织的作用，举办了一期粮食经纪人师资培训班，来自全国各省（自治区、直辖市）和有关中央企业的70名学员经培训考核合格，具备了粮食经纪人培训师资格，为进一步推进粮食经纪人培训工作奠定了基础。

第九部分

粮食节约

一 节粮减损行动

为落实中央领导同志关于厉行节约反对浪费的重要批示和中共中央办公厅、国务院办公厅《关于厉行节约反对食品浪费的意见》（中办发〔2014〕22 号），以及中宣部、国家发展改革委《关于开展节俭养德全民节约行动的通知》（中宣发〔2014〕21 号）精神，国家粮食局高度重视，把促进节粮减损反对粮食浪费作为一项经常性、全局性、长期性工作，狠抓粮食收购、储存、运输、加工、消费等环节节粮措施，多措并举提高节粮水平，深入开展节粮减损行动，初步建立了节粮减损的新机制，取得了初步成效。

（一）全面部署节粮减损工作

国家粮食局印发《关于大力促进节粮减损反对粮食浪费的通知》（国粮发〔2014〕160 号），对粮食流通领域节粮减损工作进行了全面部署安排。要求各级粮食部门把促进节粮减损反对粮食浪费作为粮食部门一项重要的职能职责履行好、落实好；以抓好粮食收购工作促进农民减损增收、加强粮食仓储设施建设和仓储管理工作、抓好粮食运输环节减损、切实解决成品粮过度加工问题、促进餐饮消费环节节粮减损、强化节粮减损科技支撑等六个具体措施，有效减少流通和消费各环节粮食损失浪费；深入开展"节约一粒粮"公益宣传，"世界粮食日暨全国爱粮节粮宣传周""粮食科技活动周"等专题宣传，"爱粮节粮"进社区、进家庭、进学校、进军营、进企业、进食堂等行动，"青年志愿者"爱粮节粮宣传等四个方面的爱粮节粮宣传教育活动；加强节粮减损工作的组织领导和监督检查。同时，国家粮食局还与工业和信息化部、国家质检总局联合印发《关于促进粮油加工业节粮减损的通知》（国粮展〔2014〕81 号），重点推进促进加工业减少粮食损失浪费。

（二）科学规划粮食收储供应安全保障工程

《粮食收储供应安全保障工程建设规划（2014-2020 年）》制定并发布，1000 亿斤新建仓容建设工作顺利推进。国家粮食局会同财政部加大"危仓老库"维修改造力度，已完成 1108 亿斤仓容维修改造，有效改善了基层收储设施条件。实施农户科学储粮专项减损增收效果显著，累计为全国 26 个省（自治区、直辖市）农户配置了 817 万套新型储粮装具，可存粮 1400 万吨，每年可减少储粮损失约 90 万吨。积极推进粮食现代物流体系建设，开通 6 条散粮火车和集装箱运输专列，提升了散粮发运接卸能力。

（三）广泛开展爱粮节粮公益宣传

一是利用世界粮食日等重要活动大力宣传节粮减损。国家粮食局会同农业部等部门组织举办了"家庭农业——关爱世界、供养地球"为主题的"2014 年世界粮食日"宣传活动，主办了以“节约一粒粮 我们在行动”为主题的“2014年全国爱粮节粮宣传周”活动，与教育部、中国科协共同举办以“科学食粮、健康圆梦”为主题的“2014年粮食科技活动周”群众性科普活动。二是会同教育部、全国妇联、总后勤部，深入开展“爱粮节粮”进学校、进家庭、进社区、进军营、进企业、进食堂等行动。开展爱粮节粮示范活动，遴选了一批“全国粮食行业首批节粮减损示范企业”，示范企业联合发布了《爱粮节粮承诺书》。三是与中宣部共同开展了节俭养德全民节约行动，发布了7个爱粮节粮“节约之星”。通过系列活动，面向全社会群众广泛宣传了爱粮节粮理念和知识。

（四）国际合作能力不断增强

粮食公益性行业科研专项加大节粮科技研发支持力度，“粮食储藏成套新技术新工艺升级”“库存粮食识别代码”“食用植物油适度加工”等技术取得重要成果。成功举办APEC粮食安全政策伙伴关系机制会议，各成员体就“引导加强区域粮食安全合作、减少粮食产后损失”等问题，达成了面向2020年粮食安全路线图（2014年版）等重要共识和成果。

二 爱粮节粮活动

2014年，为深入贯彻落实党的十八大、十八届三中、四中全会和全国粮食流通工作会议精神，科学策划，精心组织，爱粮节粮宣传报道的形式和内容进一步丰富，宣传效果比较显著。

（一）充分利用全国爱粮节粮宣传周等活动平台，增强节粮减损宣传效果

广泛动员媒体，精心策划报道方案，宣传报道效果显著。中央电视台“新闻联播”共播发9条相关报道。全国爱粮节粮宣传周当周，《人民日报》、《光明日报》、《经济日报》联合刊发国家粮食局等四部门联合发出的“节约一粒粮”倡议并配发深度报道，新华社推出爱粮节粮人物专访，中央人民广播电台“中国乡村之声”推出全天特别节目。10月26日，央视“焦点访谈”播出“节粮，我们在行动”专题报道，12月，央视滚动播出“真诚沟通”爱粮节粮公益广告。12月22日，由中宣部主导开展的“节约之星”活动专门发布一期7位节粮减损“节约之星”。通过微信公众平台集中展示行业节粮减损工作情况、节粮减损与营养健康科普知识。通过中国移动、中国联通、中国电信向广大手机用户发送爱粮节粮公益短信。截至2014年12月9日，共组织中央级电视媒体发布节粮减损相关报道31条，合作制作发布专题节目1期、公益广告1期；组织中央

级纸质媒体发布报道24篇；组织中央级电台发布报道8条，推出特别节目1期；组织新华社、中国新闻社等发布相关报道8条，推出人物专访1期；组织相关专家参加专题访谈、报告会、现场连线13人次。

（二）加大主动策划报道力度，扩大节粮减损宣传覆盖面

围绕节粮减损工作开展情况，全年共组织记者到基层采访报道6次，涉及26人次；于7月26日、10月9日单独或会同农业部、共青团中央、全国妇联、联合国粮农组织驻华代表处等召开2次新闻发布（吹风）会，向社会主动通报纪念“四无粮仓”创建60周年纪念活动情况，以及世界粮食日和全国爱粮节粮宣传周活动开展情况等。组织开展“爱粮节粮”征文及主题动漫宣传片征集评审活动，共评选出40篇优秀文章（一等奖2名、二等奖5名、三等奖8名、优秀奖25名）和53个优秀动漫作品（一等奖2名、二等奖5名、三等奖8名、优秀奖38名）。12月23日、26至29日，中央电视台7套播出5集《中国人的饭碗》专题节目。通过公共交通工具（公交、地铁）、报纸、门户网站、展会等多种渠道加强优秀文章和动漫作品的应用，深化爱粮节粮宣传效果。

专栏 2014年世界粮食日和全国爱粮节粮宣传周

为贯彻习近平总书记关于“厉行勤俭节约反对铺张浪费”的重要批示，落实中共中央办公厅、国务院办公厅《关于厉行节约反对食品浪费的意见》精神，国家粮食局会同农业部、共青团中央、全国妇联、联合国粮农组织驻华代表处，精心策划、全国联动、深入宣传、注重行动，2014年世界粮食日和全国爱粮节粮宣传周活动取得明显成效，营造了节约粮食反对浪费的浓厚社会氛围。

●全国联动，精心组织世界粮食日纪念活动

2014年10月16日是第34个世界粮食日，粮食日的主题是“家庭农业——供养世界”。粮食日前夕，李克强总理受邀访问联合国粮农组织总部，并发表了题为《依托家庭经营推进农业现代化》的重要演讲，充分体现了我国政府对粮食安全的高度重视。为增强全民特别是广大青少年爱粮节粮意识，将世界粮食日的主会场设在清华大学，全国各地设分会场，以主会场、分会场相互联动的形式，整体推进。主会场活动首次采用主题人物推介形式，邀请“杂交水稻之父”、中国工程院院士袁隆平同大家分享超级稻增产成果和爱粮节粮故事，邀请部分粮食主产国和主销国驻华使节参加主会场活动，将活动办成国际性的纪念活动。现场还推介了“光盘行动”积极倡导者、基层粮库主任、种粮大户、家庭主妇等5位爱粮节粮先进代表典型事迹。工人、农民、解放军战士、学生及商业、体育、文艺等各界优秀代表向社会发出节约粮食寄语，活动现场反响热烈。同时，与安徽、山东、湖北、广东、四川、甘肃6个分会场进行现场互动，中央人民广播电台推出的爱粮节粮宣传周特别节目与河北、黑龙江、河南、安徽、湖南5省粮食部门进行了电话连线。部分省份还结合当地实际，组织开展小学生生态储粮体验、光盘行动创意作品微博投票、少年走进粮油质监站等特色活动。

●突出主题，深入开展全国爱粮节粮宣传

10月13~19日是第24个全国爱粮节粮宣传周。根据中办、国办文件精神，结合中宣部、国家发展改革委关于开展节俭养德全民节约行动的部署，国家粮食局将宣传周主题确定为“节约一粒粮，我们在行动”，把新闻宣传作为宣传周活动的重要抓手，精心策划宣传报道，积极争取中宣部、工信部等部门支持，深入开展“节约一粒粮”主题宣传。10月9日，四部门联合召开新闻通气会，向《人民日报》、新华社、中央人民广播电台、中央电视台等20多家媒体通报宣传周活动有关情况。针对家庭、青少年、粮食仓储流通零售企业节粮减损等方面内容进行实地采访，为宣传周做了精心准备。10月16日，

《人民日报》、《光明日报》、《经济日报》刊发四部门联合发出的“节约一粒粮”倡议并配发深度报道，新华社推出爱粮节粮人物专访，中央电视台“新闻联播”播发相关报道，中央人民广播电台“中国乡村之声”推出全天特别节目，国家粮食局通过中国移动、联通、电信运营商向广大手机用户发出“节俭养德，节约每一粒粮食”的公益短信，将爱粮节粮宣传活动推向高潮。中央电视台10月26日“焦点访谈”播出“节粮，我们在行动”专题报道。《经济日报》、《工人日报》等媒体，以消息、综述、访谈、言论等形式，陆续推出爱粮节粮系列深度报道。在广泛动员中央媒体加强宣传的同时，各地也积极动员当地媒体开展宣传，基本形成了覆盖面较广、主题集中度较高、上下联动性较强的全国性爱粮节粮宣传阵势。

初步统计，中央和省级电视媒体共报道爱粮节粮宣传周活动相关消息69条，时长1小时42分；纸质媒体共报道消息120条；电台报道消息46条，时长2小时5分；网站、微博、论坛等媒体报道消息15000余条，其中中国政府网抓取3条；市县级媒体报道消息1683条。截至10月31日，以2014年世界粮食日、全国爱粮节粮宣传周为关键词在百度搜索，可见消息链接约579万余条。“节约一粒粮”主题宣传，对增进全民节粮意识、引导公众积极参与节粮行动发挥了重要作用。

●注重实效，扎实推进“节约一粒粮”行动

围绕宣传周“节约一粒粮，我们在行动”主题，周密组织系列行动。一是家庭在行动。国家粮食局会同全国妇联组织开展了“节粮小窍门”征集活动，从全国31个省（自治区、直辖市）筛选出便民、实用节粮小窍门300余条。组织开展爱粮节粮进社区活动，向居民发放节粮手册、器具332805件。二是青少年在行动。在各级共青团、少先队中开展“爱粮节粮，从我做起”征文活动，全国共收到征文22565篇。通过参观中小学爱粮节粮教育社会实践基地、专家讲授、到社区志愿服务等形式，组织开展爱粮节粮主题团队活动1819次。开展大学生“光盘标兵”评选活动，全国各高等院校共评选出大学生“光盘标兵”5000名，开展爱粮节粮主题团队活动、校园活动4874次。三是企业在行动。结合7月国家粮食局总结推广的“四无粮仓”精神，粮食仓储企业大力弘扬粮食人“崇尚节约，惜粮如金”的节俭精神，让“宁流千滴汗、不坏一粒粮”精神得到传承。粮食加工和批发零售企业根据行业特色组织开展活动，共深入到2912家粮油加工企业进行粮油加工标准宣传贯彻活动，粮油零售企业共设立9025名节粮宣传员宣讲节粮知识，发放节粮宣传册361149本，邀请1119名专家讲解节粮营养常识。

第十部分

粮食对外开放

一 粮油进出口

(一)粮食

2014年，全球粮食增产，库存充裕，国际市场粮价总体低位运行。据联合国粮农组织统计，2014年全球谷物产量达25.3亿吨，比上年增加690万吨，再创历史新高。我国粮食连续十一年增产，部分品种呈现阶段性供大于求。在最低收购价和临时收储政策支持下，国内粮食市场基本稳定，价格大幅高于国际市场。加上我国对饲料粮需求进一步增加，2014年我国粮食进口继续增加，出口继续减少。

1. 粮食进口大幅增加

粮食进口再创新高。据海关统计，2014年，我国进口粮食10042.4万吨（包括谷物、豆类及薯类），比上年增加1397.2万吨，增长16.2%。其中，稻米进口257.9万吨，比上年增加13.6%，占比2.6%；玉米进口259.9万吨，同比减少20.4%，占比2.6%；小麦进口300.4万吨，同比减少45.7%，仍占比3.0%；大豆进口7139.9万吨，小幅增长12.7%，占比高达71.1%；杂粮（薯类及其他豆类）进口大幅上升，全年进口1236.4万吨，同比大幅增加932.2万吨，增长率高达306.44%。

大米进口增长快速。海关数据显示，2014年，我国累计进口大米255.7万吨，同比增加31.2万吨。从种类来看，进口大米基本都是东南亚地区籼米。从国别来看，分别从越南、泰国、巴基斯坦进口135.2万吨、72.8万吨、40.7万吨，分别占进口总量的53%、28%和16%。越南仍是我国大米进口第一大来源国，但比例较上年有所下降，进口量减少8.7%。泰国进口的份额呈现恢复性增长，进口数量比上年增长142.8%。大米进口量保持高位的主要原因是国际大米价格仍大幅低于国内。

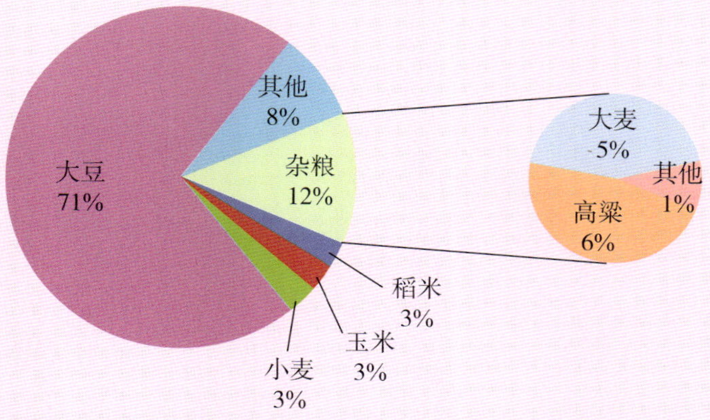

图 10-1 2014年我国粮食进口规模结构

截至2014年年底，越南5%破碎大米进口到南方港口的完税成本约2880元/吨；相近规格国产普通早籼米批发价3850元/吨，普通中晚籼米批发价4000~4100元/吨。相近规格的进口米与国产米价差仍达1000元/吨左右。除了海关公布的进口量之外，还有部分越南、巴基斯坦低价大米通过边民互市和非常规贸易渠道入境我国。由于2014年海关大力开展“绿风”专项行动，打击农产品特别是大米非法入境，2014年通过非常规贸易渠道入境的大米数量明显减少。

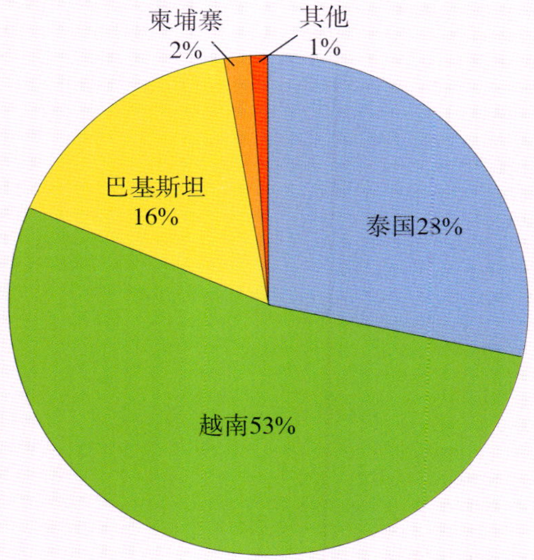

图 10-2　2014 年我国大米进口国别结构

小麦进口下降迅猛。由于国产优质强筋小麦供应偏紧，企业通过进口满足加工需要。海关数据显示，2014年日历年度我国共进口小麦297.2万吨，较2013年大幅减少253.5万吨，减幅达到46.0%。进口主要集中在上半年，占比超过80%。其中，从澳大利亚、美国、加拿大、哈萨克斯坦分别进口139万吨、86.3万吨、41万吨和25万吨，分别占比达47%、29%、14%和占8%。其中，从澳大利亚和哈萨克斯坦进口数量分别比上年增长127.4%和176.3%，从美国和加拿大进口数量比上年分别减少77.4%和52.6%。

玉米进口下降明显。受美国玉米因检出未经我国安全审批转基因成分而进口受阻等影响，2014年我国进口玉米259.8万吨，较上年减少66.7万吨，减幅20.4%。我国玉米进口渠道进一步多元化，从美国、乌克兰、泰国分别进口102.7万吨、96.4万吨、28.9万吨，分别占进口总量的40%、37%和11%。与上年相比，从美国和阿根廷进口玉米数量分别减少了65.4%和99.4%，而从乌克兰和泰国进口数量剧增，总量从11.2万吨增至125.3万吨，另外，老挝玉米

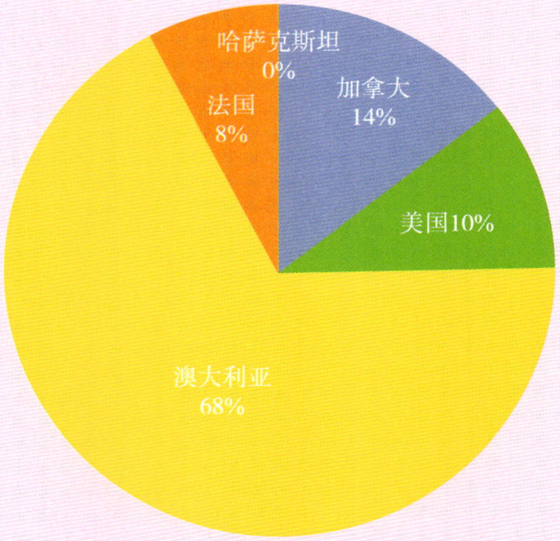

图 10-3 2014 年我国小麦进口国别结构

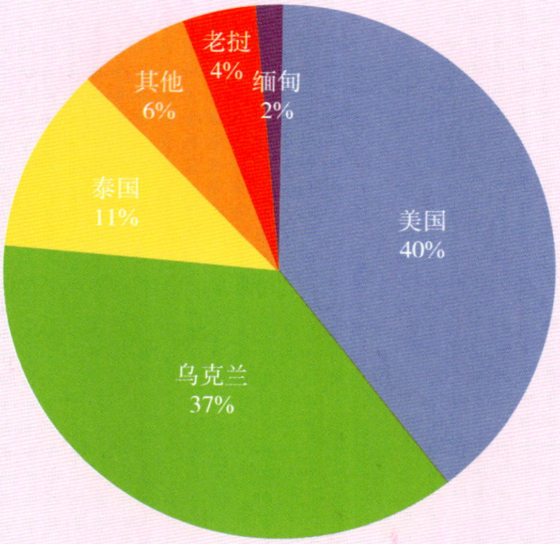

图 10-4 2014 年我国玉米进口国别结构

进口量也有稳定增长。

大豆进口增长显著。由于国内豆粕需求较旺，而国际市场大豆价格大幅下跌，大豆压榨企业采购进口大豆积极性较高，大豆进口量显著增加。全年大豆进口 7139.9 万吨，比上年增加 802.4 万吨，增幅 12.7%，刷新历史纪录。进口量占粮食进口总量的 71%。其中从巴西、美国进口数量分别占大豆进口总量的 45% 和 42%。

杂粮进口激增。2014年，杂粮进口主要集中在高粱、大麦、豌豆等几大品种。全年从美国、澳大利亚等国家进口高粱577.6万吨，从澳大利亚、法国、加拿大等国家进口大麦541.3万吨，进口总量分别比上年增加469.8万吨、307.8万吨，增幅分别达到435.8%、131.8%。高粱成为我国杂粮进口第一大品种，大麦则退居至第二位。此外，全年进口豌豆78.5万吨，同比增加32.6万吨，增长71.02%；进口绿豆13.9万吨，同比增加5.6万吨，增长67.47%。其余进口品种则总量减少。同时，玉米酒糟粕（DDGS）等非关税配额管理商品也大幅增加，2014年从美国等国家进口玉米酒糟粕541.3万吨，从泰国、越南、印度尼西亚、柬埔寨等国家进口木薯干856.4万吨，进口总量分别比上年增加141.2万吨、132.8万吨，增幅分别达到35.3%、18.4%。从国别来看，进口增长显著的有美国的高粱和法国的大麦，分别比上年同类进口高出510.2万吨、63.1万吨。

2. 粮食出口继续减少

2014年，出口粮食211.4万吨，比上年减少31.7万吨，为1997年以来最低水平。其中，大米41.9万吨，比上年减少5.9万吨，出口到韩国、朝鲜和日本的分别占56%、15%和6%。小麦19万吨，比上年减少8.8万吨，销往香港的占52%。玉米2万吨，比上年减少5.8万吨，78%出口朝鲜。大豆出口量为21万吨，同比基本持平。

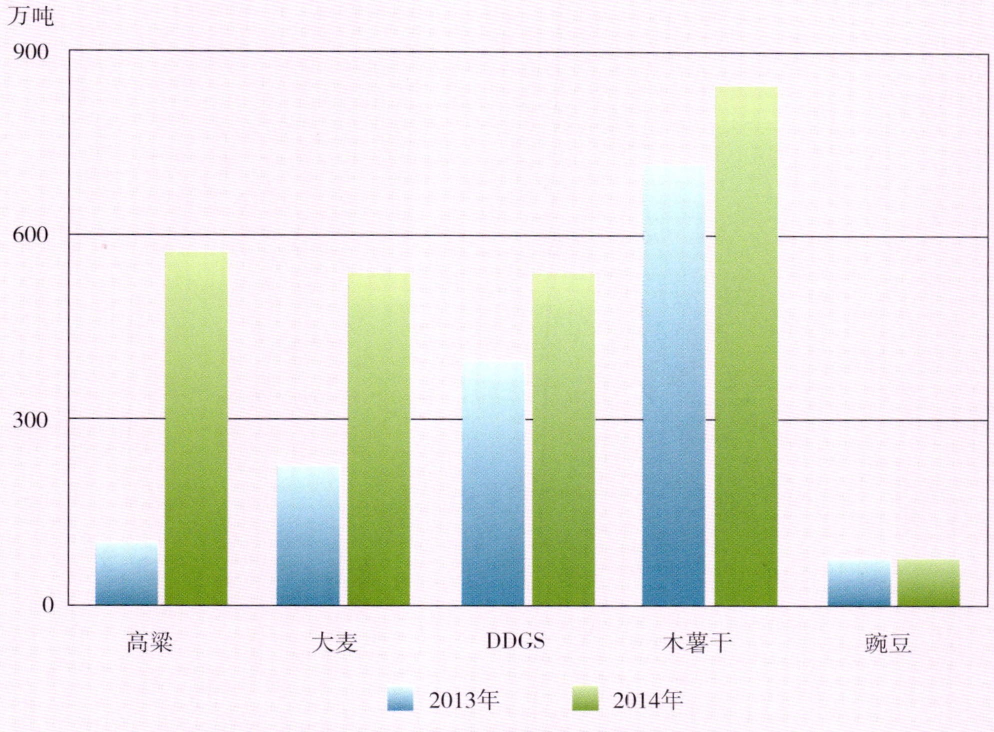

图 10-5　近年进口其他粮食作物规模

受国家商务部杂粮出口种植基地培育的影响，杂粮出口则保持了2013年的增长势头，出口量为193.8万吨，同比增加31.2万吨，增长19.19%。第一大杂粮出口品种仍然是芸豆，出口78.1万吨，与上年基本持平；荞麦出口35.2万吨，同比增加15.1万吨，增长75.12%；红小豆出口7.7万吨，同比增加2.02万吨，增长35.56%；绿豆出口14.6万吨，同比减少1.5万吨，下降9.32%。其余大部分品种的出口均略有增加。

（二）食用油

1. 食用植物油进口量减少，进口油籽折油量增加

2014年我国进口食用植物油及进口油籽折油总量在2350万吨左右，比上年增加80万吨。其中，进口食用植物油数量继续减少，进口油籽折油数量大幅增加。

由于国内食用油供应充足，价格持续低于进口食用油到港成本，2014年我国进口食用植物油（包含棕榈油硬脂）787.3万吨，比上年减少14.6%。其中，进口棕榈油532.4万吨，比上年减少65.5万吨，减幅为11.0%；进口豆油113.5万吨，比上年减少2.1万吨，减幅为1.9%；进口菜籽油81.0万吨，比上年大幅减少71.7万吨，减幅高达46.9%；进口其他食用植物油60.4万吨，比上年增加4.7万吨，增幅为8.4%，主要是葵花籽油进口量增加。

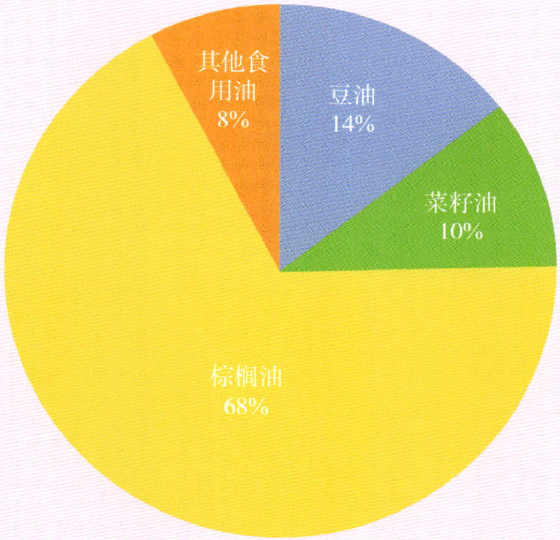

图10-6　2014年我国进口食用植物油结构

近年国家临时收储大量油菜籽后，企业逐步转向从国际市场采购低价油菜籽用于加工生产。2014年我国共进口食用油籽（含大豆和棉籽）7751.8万吨，比上年增长14.3%，连续第三年超过国内油籽总产量。进口食用油籽折油量在1563万吨左右，比上年增长15.9%。其中，进口大豆7140万吨，比上年增加802万吨，增幅为12.7%；进口油菜籽508.1万吨，比上年增加141.9万吨，增幅为38.7%；进口其他食用油籽103.8万吨，比

上年增加24.0万吨，增幅为30.1%，主要是芝麻进口量大幅增加。

2. 食用油籽出口基本稳定，植物油出口大幅增加

2014年我国出口油籽（含大豆）87.2万吨，与上年基本持平。其中，出口大豆20.7万吨，比上年下降1.0%；出口花生仁10.1万吨，比上年增长2.0%。

我国食用油出口较少。2014年我国出口食用植物油13.3万吨，比上年增长16.7%。其中，出口豆油10万吨，比上年增长11.1%，占出口总量的75%；出口菜籽油6608吨，比上年增长6.4%。

二 对外交流与合作

2014年，是粮食领域国际交流与合作最有亮点和最有收获的一年。成功召开亚太经济合作组织（APEC）粮食安全政策伙伴关系（PPFS）有关会议并通过多项成果文件；积极开展国际交流与合作；稳步推进国际标准化工作等。

（一）成功举办APEC粮食安全会议

2014年2月21~23日，亚太经合组织（APEC）粮食安全政策伙伴关系机制（PPFS）政府与企业粮食安全与贸易对话会议、2014年PPFS第一次管理委员会会议在浙江省宁波市举行。这是中国首次作为东道主举办PPFS系列会议。来自APEC17个经济体成员的150余位政府官员、粮油企业、协会等代表参加了会议。5月11日在青岛组织召开了APEC-PPFS粮食安全商业计划研讨会；8月14日至16日在北京组织召开了PPFS高级别对话会议、PPFS全体会议以及APEC粮食技术、设施和资源展览会。9月17日在北京组织召开了PPFS第二次管理委员会会议。在PPFS全体会议上审议通过了APEC粮食安全面向2020年路线图（2014年版）、APEC粮食安全商业计划（2014~2020年）、APEC减少粮食损失和浪费行动计划以及APEC增强粮食质量安全与标准互通行动计划。9月19日，亚太经合组织第三届农业与粮食部长会议在北京召开。来自亚太经合组织20个经济体的农业与粮食部长和有关国际组织约200名代表出席了会议，会议围绕主题“加强区域合作、保障粮食安全”展开交流，通过了《亚太经合组织粮食安全北京宣言》。

国际粮食安全会议的召开，极大地促进了各经济体间的政策沟通，推进了相关合作机制的稳定化和长期化，有利于共保区域粮食安全目标的实现。

（二）积极参与粮食国际标准制定

由我国牵头承担的《ISO 7901：2011 小麦—规格》国际标准，获得我国标准化领域

的最高奖项“中国标准创新贡献奖”一等奖。2014 年，国际标准化组织谷物与豆类分委员会秘书处启动《玉米—规格》、《谷物和谷物制品赭曲霉毒素 A 含量的测定免疫亲和净化荧光检测高效液相色谱法》2 项新标准制修订项目。这 2 项新标准均由我国专家担任项目负责人，这是我国继承担小麦规格和稻谷潜在出米率两项国际标准修订任务后，再次主导粮油国际标准制修订工作，展现了我国对国际粮油标准的影响力。2014 年 11 月，国际标准化组织谷物与豆类分委员会秘书处分委员会第 37 次年会在葡萄牙里斯本顺利召开，来自德国、法国、英国、西班牙、埃塞俄比亚、印度、加拿大、葡萄牙、中国 9 个国家的 24 名代表参加了会议，讨论了 23 项标准项目的技术问题，形成了 22 项决议，会议决定成立真菌毒素工作组，由中国担任牵头国。

另外，我国还积极开展 APEC 粮油标准化国际合作。2014 年，“APEC 增强粮食质量安全与标准互通行动计划”写入了领导人宣言。通过该行动计划，我国与澳大利亚、新西兰等经济体建立了粮食标准合作意向，将进一步通过合作项目，协调现有粮食质量安全标准体系，消除贸易壁垒，共谋亚太地区粮食安全。

(三) 加强对外交流与合作

积极参与国际粮食经验交流。通过参加欧盟脂质科技联盟第 12 届年会、世界真菌毒素论坛第 8 次会议、亚太地区农业与粮食市场营销联合协会会议、全球最新粮油质检技术及粮油质检仪器研发研讨会、APEC PPFS 农村发展研讨会、国际稻米会议、FAO/WTO 第八届国际污染物法典委员会会议、国际标准化组织食品技术委员会会议、中加杂豆项目技术交流会、APTERR 理事会第二次会议任务、ISO/TC34/SC4 第 37 次会议、第 11 届国际储藏物保护大会等，积极扩大我国在粮食领域的国际影响力，并与各国交流粮食产业发展经验，实现互利共赢。

加强国际粮食先进技术培训。国家粮食局多次组织技术人员赴美国、德国、捷克、奥地利、马来西亚等国进行粮油科技合作研究和交流。如在美国进行的“减少粮食产后损失和浪费管理”培训、在法国进行的“保障国家粮食安全的政策措施和法律规定”培训等，大大提高地方粮食管理部门干部及技术人员的专业水平，为完善我国粮食管理与储粮技术起到了积极的促进作用。

加强先进技术引进与应用。国家粮食局科学研究院分别与澳大利亚粮食出口创新中心和澳大利亚默多克大学签署了合作备忘录，促进双方在粮食科技、粮油加工、生态储粮、绿色储粮和节粮减损等领域开展交流与合作。大力引进国外智力项目。2014 年共获批引进国外技术、管理人才项目 7 项，合计聘请外国专家 33 人次，资助项目经费 68 万元。通过这些引智项目的执行，项目单位与国外粮油科研机构建立起了良好的合作关系，能够及时了解和掌握国外最新的粮油科技成果与动态，有效地解决了当前我国粮油产业和科研中面临的一些问题，促进了我国粮油科技水平的提高。

附录

一 2014年大事记

一月

1月4日　中央党的群众路线教育实践活动第26督导组组长李铁林、副组长杨利民一行，到国家粮食局科学研究院调研教育实践活动整改落实情况，并就扎实抓好整改落实、做好教育实践活动总结工作和推进粮油科研事业科学发展提出希望和要求。任正晓、赵中权同志陪同调研。

1月15日　国家粮食局发布2014年第1号公告，决定对《中央储备粮代储资格认定办法实施细则》（2010年第8号公告）部分条款予以修改。

1月16日　全国粮食系统党风廉政建设工作会议在北京召开。会议认真传达学习了习近平总书记在十八届中央纪委第三次全会上的重要讲话和王岐山同志的工作报告，总结交流了2013年党风廉政建设和反腐败工作，对2014年全国粮食系统党风廉政建设和反腐败工作作出了具体部署。国家发展和改革委员会党组书记、主任徐绍史，党组成员、副主任张晓强，党组成员、国家粮食局局长任正晓出席会议并讲话，赵中权同志作党风廉政建设工作报告。徐鸣、曾丽瑛、吴子丹、卢景波同志出席会议。

1月16~17日　全国粮食流通工作会议在北京召开。会议主要内容是学习贯彻党的十八大和十八届三中全会精神，按照中央经济工作会议、中央农村工作会议以及全国发展和改革工作会议的部署，总结2013年的粮食流通工作，交流各地粮食流通工作的新情况、新经验，分析粮食流通形势，研究深化粮食流通体制改革与发展，部署2014年全国粮食流通工作。国家发展改革委党组书记、主任徐绍史传达了国务院领导同志最近对粮食流通工作作出的重要批示，并作重要讲话。国家发展改革委党组成员、副主任张晓强出席会议并讲话。任正晓同志作了工作报告。赵中权同志作党风廉政建设工作报告。徐鸣同志作会议总结讲话。曾丽瑛、吴子丹、卢景波同志出席会议。

1月17日　国家粮食局召开党组扩大会议，传达十八届中央纪委三次全会精神，学习习近平总书记的重要讲话和王岐山同志的工作报告，研究部署粮食系统贯彻落实全会精神、抓好党风廉政建设和反腐败各项工作。

1月22日　粮食行业信息化建设工作座谈会在江苏南京召开。会议听取了江苏省粮食局关于江苏省粮食信息化建设成果的汇报，观摩了“江苏粮食信息化综合管理平台”“江苏粮食地理信息系统”“地方储备粮远程监管系统”等功能展示。与会专家就粮食行业信息化建设总体思路、重点方向、技术路线、政策措施等进行了讨论，对《粮食识别代码试点技术方案》提出了修改建议。徐鸣、吴子丹同志出席会议。

1月23日　国家粮食局召开党的群众路线教育实践活动总结大会。会议指出，按照中央统一部署，在中央第26督导组的具体指导下，国家粮食局从2013年7月上旬以来，围绕保持党的先进性和纯洁性，以为民务实清廉为主题，在全局各级党组织和党员干部中扎实开展了党的群众路线教育实践活动。按照“照镜子、正衣冠、洗洗澡、治治病”的总要求，着力解决在形式主义、官僚主义、享乐主义和奢靡之风方面存在的突出问题，较好地完成了中央提出的教育实践活动各环节工作任务，达到了预期目标。会议强调，通过加强学习教育、广泛听取意见，聚焦“四风”深入查摆问题、认真开展批评与自我批评，抓好整改落实、建章立制，使党员干部普遍受到了一次深刻的马克思主义群众路线教育，增强了领导班子解决自身问题的能力，着力解决关系群众切身利益的突出问题，取得了一批改进作风的制度成果，为全面深化粮食流通领域改革、推进粮食流通事业科学发展、确保国家粮食安全提供了重要保障。中央第26督导组组长李铁林出席会议并作重要讲话，中央第26督导组副组长杨利民及督导组其他成员出席会议。任正晓同志作总结报告。

二月

2月11日　为保护农民种粮积极性，促进粮食生产发展，2014年国家继续在粮食主产区实行最低收购价格政策，并适当提高最低收购价格水平。经国务院批准，2014年生产的早籼稻（三等，下同）、中晚籼稻和粳稻最低收购价格分别提高到每50公斤135元、138元和155元，比2013年分别提高3元、3元和5元。

2月12日　中共中央组织部发出通知：经研究，同意任正晓同志任国家发展和改革委员会党组成员。

2月13日　任正晓同志主持召开教育实践活动领导小组会议，认真传达学习习近平总书记和刘云山、赵乐际同志在党的群众路线教育实践活动第一批总结暨第二批部署会议上的重要讲话，研究部署国家粮食局党的群众路线教育实践活动收尾工作。会后，赵中权同志主持召开教育实践活动领导小组办公室全体成员会议，传达领导小组会议精神并对做好局教育实践活动收尾工作作出安排部署。

2月17日　国家粮食局召开局长办公会议，认真传达学习国务院第二次廉政工作会议精神，研究部署贯彻落实的措施。会议结合粮食流通工作实际，研究提出从6个方面扎实做好工作，把中央关于反腐倡廉的部署和国务院第二次廉政工作会议精神落到实处。

2月21日　国家粮食局副局长曾丽瑛在浙江宁波分别会见了前来参加“2014年APEC粮食安全政策伙伴关系机制（PPFS）政府—企业粮食安全与贸易对话会议暨第一次管理委员会会议”的菲律宾农业部副部长世家兰铎•塞拉诺先生和印度尼西亚农业部粮食安全署署长艾哈迈德•苏亚纳先生一行，分别与他们就保障亚太地区粮食安全以及如何办好PPFS会议交换了看法，双方希望今后进一步加强在粮食领域的交流与合作。

2月21～23日　亚太经合组织（APEC）粮食安全政策伙伴关系机制（PPFS）政府与企业粮食安全与贸易对话会议、2014年PPFS第一次管理委员会会议在浙江省宁波市举行。会议对2014年PPFS的会议主题、议题、行动计划、商业计划等内容进行了审议。这是中国首次作为东道主举办PPFS系列会议。来自APEC17个经济体成员的150余位政府官员、粮油企业、协会等代表参加了会议。任正晓同志出席开幕式并致辞。曾丽瑛同志主持开幕式并作专题发言。

2月26日　中央纪委常委、监察部副部长姚增科同志一行深入到国家粮食局调研，并与国家粮食局有关负责同志进行工作座谈。任正晓、赵中权同志参加工作座谈。

2月26~27日　全国粮食调控与统计工作会议在四川省成都市召开。会议主要内容：会审汇编了2013年度全国粮油统计年报，认真分析了2014年粮食供求形势和价格走势，研究讨论了粮食流通统计制度改革实施方案，并就如何做好2014年粮食调控工作进行了座谈。卢景波同志出席会议并讲话。

三月

3月13~14日　全国粮食流通监督检查工作会议在山东临沂召开。会议主要内容：贯彻落实全国粮食流通工作会议精神，总结交流2013年粮食流通监督检查工作，研究分析当前面临的新形势，安排部署2014年全国粮食库存检查等重点工作任务。吴子丹同志出席会议并讲话。

3月15日　粮食行业信息化建设座谈会在山东省青岛市召开，就“智慧粮食”建设、识别代码试点等工作进行了讨论和部署。来自山东、江苏等14个省（自治区、直辖市）粮食局的有关负责同志参加了会议，多名信息化专家到会作了交流。徐鸣、吴子丹同志出席并讲话。

3月17日　国家粮食局公布第一批国家粮油标准研究验证测试机构名单，其中国家粮食局科学研究院质检中心等42家单位为国家粮油标准研究验证测试中心，河北邯郸国家粮食质量监测站等35家单位为国家粮油标准验证工作站，各标准验证机构人、财、物及隶属关系不变，相关业务工作接受国家粮食局标准质量管理部门指导。

3月18日　国家粮食局在河南省郑州市召开全国粮食财会工作会议，贯彻落实全国粮食流通工作会议精神，总结交流2013年粮食财会工作，会审汇编2013年度国有粮食企业会计决算报表，研究和布置2014年工作。曾丽瑛同志出席会议并讲话。

3月24日　国家粮食局局长任正晓、副局长吴子丹与内蒙古自治区政府副主席王玉明进行了工作会谈，研究进一步做好粮食收储和促销等工作。

3月25~26日　国家粮食局在陕西省西安市举办第一批全国粮食库存检查专业人员培训。天津等14个省（区、市）选派330名纳入国家粮油库存检查专业人才库的人员参加了培训。授课老师分别就粮油库存检查组织实施和工作要求、粮油库存检查技巧及库存管理中的常见问题、粮油库存管理的政策、业务和制度、粮油库存管理规范化与库存检查等内容进行了详细讲解和答疑。

3月28日　国家粮食局任正晓局长会见了国际大豆种植者联盟（ISGA）代表团一行，向来宾介绍了中国大豆生产、消费和贸易等方面的情况，回答了他们所关心的有关问题。ISGA代表们对任正晓局长的会见和情况介绍表示感谢，希望进一步加强与中国在大豆生产、贸易领域的交流与合作。

3月31日　国家粮食局局长任正晓、副局长徐鸣、吴子丹与安徽省副省长梁卫国进行了工作会谈，研究进一步做好粮食收储和推进“粮安工程”建设等工作。

四月

4月3日～5月3日　国家粮食局决定在2014年4月集中一个月的时间在全局党员中深入开展以知纪、守纪、执纪为主题的“党的纪律学习教育月”活动。4月3日，国家粮食局召开全局党员干部大会，任正晓同志作了动员讲话。这次“党的纪律学习教育月”活动，以正面教育、自我教育为主，采取教育动员、集中学习、联系实际、查摆问题、整改提高、总结交流等方法步骤进行，着重解决知纪不深、守纪不够和执纪不严的问题，把党员干部职工的思想和行动统一到中央关于全面深化改革、保障国家粮食安全的重大决策部署上来，切实增强“首要意识”和“守责意识”，更好地肩负起保障国家粮食安全的部门职责和行业使命。

4月14日　国家粮食局局长任正晓、副局长卢景波与吉林省副省长隋忠诚进行了工作会谈，研究进一步做好粮食收储、促销等工作。

4月21日　任正晓同志参加全国人大农业与农村委员会第七次全体会议，汇报粮食法立法相关情况。

4月24~25日　全国粮食质量安全监管工作会议在厦门召开。会议总结了国家粮食局2013年在粮食质量安全监管方面贯彻落实李克强总理关于做好“广积粮、积好粮、好积粮”三篇文章重要精神的工作情况，强调粮食标准质量工作要统一到党中央、国务院对粮食工作特别是粮食质量安全监管工作，以及食品安全工作的总要求上来，着力提升质量监管和检验检测能力，为保障广大人民群众“舌尖上的安全”作出新的更大贡献。会议传达了国务院食品安全工作要点。吴子丹同志出席会议并讲话。

4月29日　中央国家机关“五一”劳动奖状奖章颁奖仪式在北京人民大会堂金色大厅举行。中央国家机关工会联合会向80个先进集体和125名先进个人分别颁发了中央国家机关“五一”劳动奖状、劳动奖章。国家粮食局调控司和财务司王耀鹏分获“五一”劳动奖状和奖章。

4月29~30日　国家粮食局党组书记、局长任正晓主持局党组中心组集体学习习近平总书记系列重要讲话精神，深刻领会习近平总书记关于粮食安全和粮食工作的重要论述，研究部署保障国家粮食安全各项工作。

五月

5月4日　国家粮食局党组中心组全体成员到中国气象局参观学习，实地参观了气象影视中心、国家卫星气象中心、国家气候中心、国家气象中心等机构，听取了气象影视服务、防灾减灾气象服务、气候预测预报服务、气象服务“三农”、粮食产量趋势预测等情况介绍，并与中国气象局领导班子成员进行了座谈，商讨深化合作保障国家粮食安全有关事项。

5月7日　国家粮食局、工业和信息化部、国家质量监督检验检疫总局联合印发关于促进粮油加工业节粮减损的通知。通知要求，采取更加有效的措施推进粮油加工业节粮减损，大幅度减少粮油加工环节的损失浪费，大力改善粮油品质，有效提高副产物综合利用率。

5月8日　全国夏粮收购工作会议在山东省济宁市召开。会议深入研究分析了2014年小麦、油菜籽、早籼稻生产、收购和市场形势，对夏季粮油收购工作作出安排和部署。卢景波同志出席会议并讲话。

5月12日 国家发展改革委、财政部、国家粮食局、中国农业发展银行等有关部门在北京召开全国粮食库存检查部门联合抽查动员会。随后，国家有关部门派出5个联合抽查组分别赴黑龙江、江西、福建、广东、陕西等省，对当地粮食库存检查工作开展情况进行了抽查。

5月15~16日 全国粮食系统军粮供应工作会议在河南省郑州市召开。会议总结交流了前一阶段军粮供应工作情况，深入分析新形势下军粮供应工作面临的挑战与机遇，研究部署了下一阶段的工作任务。会议还公布了军粮精神、军粮口号评选结果和粮油科技进军营活动优秀单位、服务标兵名单。卢景波同志出席会议并讲话。

5月17日 国家粮食局、教育部、全国妇联共同主办的粮食科普走进北京市天通苑社区活动成功举行。活动现场展示了30块营养健康常识宣传板，由专家组成的“营养健康博士团”宣讲了粮油营养与国民健康关系等粮油科普知识，解答了社区居民的提问，并分发了宣传品。曾丽瑛同志出席活动并致辞。

5月20日 中国粮食行业协会五届二次、中国粮食经济学会七届二次理事（扩大）会议在北京召开。会议听取并审议通过了中国粮食行业协会第五届理事会、中国粮食经济学会第七届理事会工作报告和财务报告；审议通过了《中国粮食行业协会专家委员会工作制度》。曾丽瑛同志出席会议并讲话。

5月22日 国家发展改革委、国家粮食局等6部门印发2014年小麦和早籼稻最低收购价执行预案的通知。小麦预案规定了2014年白小麦、红小麦和混合小麦最低收购价格均为每市斤1.18元；执行区域：河北、江苏、安徽、山东、河南、湖北6省；执行期限：2014年5月21日至9月30日。早籼稻预案规定了早籼稻最低收购价每市斤1.35元；执行区域：安徽、江西、湖北、湖南、广西5省（区）；执行期限：2014年7月16日至9月30日。

5月30日 经国务院批准，国家粮食局会同国家发展改革委、财政部和中国农业发展银行下达临储油菜籽收购计划500万吨，收购价格为2.55元/斤。执行时间为：冬播油菜籽产区2014年6月1日~9月30日；春播油菜籽2014年9月1日~2015年2月28日。执行区域为内蒙古、江苏、浙江、安徽、江西、河南、湖北、湖南、重庆、四川、贵州、云南、西藏、陕西、甘肃、青海和新疆17个省（区、市）。

六月

6月9日 国家粮食局会同国家发展改革委、财政部、中国农业发展银行印发《关于下达新疆维吾尔自治区2014年国家临时存储小麦收购计划的通知》，决定由中储粮总公司在新疆收购150万吨新小麦作为国家临时存储粮食。

6月12日 为加强粮食市场调控，缓解主产区新粮收储仓容紧张的压力，国家粮食局会同有关部门联合下达2014年第一批国家政策性粮食跨省移库计划，主要从内蒙古、吉林、黑龙江等仓容压力大的地区调往河北、山东等有空仓的玉米消费区。

6月16日 国家粮食局局长任正晓会见了加拿大农业与食品部部长格里·里茨（Mr. Gerry Ritz）先生一行。宾主双方一致表示，今后将进一步加强交流交往，推动两国粮食流通合作向更深更广的领域发展。

6 月 10～22 日　全国食品安全宣传周活动在全国范围内展开。6 月 18 日，国家粮食局在全社会开展以"'尚德守法'确保粮油质量安全"为主题的全国"放心粮油宣传日"活动。主会场设在黑龙江省哈尔滨市。活动期间，黑龙江省 76 家放心粮油示范企业联合发布保障食品安全承诺；有关专家和专业技术人员为到场市民进行了食品安全知识讲解；发放了《粮油消费科学常识》等科普宣传材料，活动受到了到场市民的欢迎和好评。

6 月 23 日　国家粮食局局长任正晓在北京会见了联合国粮农组织（FAO）驻中国、朝鲜及蒙古国代表伯希·米西卡先生（Mr. Percy Misika）一行。双方希望今后加强交流与合作，共同促进发展中国家在粮食仓储、物流和加工等方面取得进步。

6 月 25 日　国务院召开第 52 次常务会议，对做好粮食收储和加强仓储设施建设进行了专题研究，明确了工作重点和要求，并从促销压库、加强调运、增加地方储备、加大建仓力度、挖掘社会仓容潜力等方面作了具体安排部署。

6 月 28 日　部分市、县粮食部门党的群众路线教育实践活动座谈会在陕西省西安市召开。会议主要内容：传达学习刘云山同志在中央各部门各单位党的群众路线教育实践活动专项推进会上的讲话，学习贯彻中央各部门各单位党的群众路线教育实践活动专项推进会精神，总结交流市、县粮食部门教育实践活动进展情况，研究推动粮食行业教育实践活动上下联动的意见和措施。赵中权同志出席会议并讲话。

6 月 30 日　部分省（区、市）粮食局长紧急会议在北京召开。会议传达贯彻了国务院第 52 次常务会议精神，研究贯彻落实粮食收储有关工作。任正晓、徐鸣、曾丽瑛、吴子丹、卢景波同志出席会议。

七月

7 月 2 日　泰国农业与合作社部监察长楠提雅·温帕塞女士率领的高级官员培训班一行 127 人来到国家粮食局科学研究院考察学习。培训班学员主要来自泰国农业与合作社部各司局及相关研究机构和大学。参观结束后，来宾们一致表示对中国粮油科技发展水平印象深刻，希望进一步加强与中国在粮食流通领域和粮油科技方面的交流与合作。

7 月 3 日　为认真落实好国务院 6 月 25 日常务会议精神，最大限度挖掘粮食收储潜力，以利于国家粮食收储和跨省移库粮食工作，防止出现农民"卖粮难"，国家粮食局发出《关于对国家粮食仓库进行清查的紧急通知》，要求各省（自治区、直辖市）粮食局自通知下发之日起对国家粮食仓库立即进行一次全面清查。

7 月 3 日　国家粮食局公示 2014 年中央储备粮代储资格审核结果：授予北京宝益粮油储备库等 147 户企业中央储备粮代储资格，将北京怀柔国家粮食储备库等 155 户企业的中央储备粮代储资格有效期延续至 2019 年 7 月，对北京怀柔国家粮食储备库等 73 户企业部分中央储备粮代储资格事项进行变更。

7 月 4 日　李克强总理在中央储备粮株洲直属库考察时，抓起一把存粮搓了搓，又咬开一颗谷粒品尝后问道："这粮食存了两三年了吧？"工作人员点头称是。总理说，我们过去要求广积粮、积好粮、好积粮，现在还要改革机制，做到买得进、存得好、卖得出，为国家粮食安全作贡献。

7月11日 全国粮油标准化技术委员会第二届一次会议在黑龙江省哈尔滨市召开。会议听取并原则通过了第一届粮油标准化技术委员会的工作报告，宣布了全国粮油标准化技术委员会第二届委员名单和领导机构组成人员。任正晓同志和国家标准化管理委员会党组成员、总工程师殷明汉出席会议并作讲话。

7月15日 国家粮食局召开全局“党的纪律学习教育月”活动总结交流会，认真学习习近平总书记在中央政治局第16次集体学习时的重要讲话，学习贯彻国家发展改革委关于开展“反腐倡廉教育月”活动的实施方案，局办公室等6个单位交流了开展学习教育活动的做法和经验。任正晓同志作总结讲话。

7月16日 第十届福建、山东、江西、吉林、安徽、河南、黑龙江、湖南、江苏9省粮食产销协作福建洽谈会在厦门举行。据初步汇总，本届洽谈会共签订项目284项，粮食购销合同（协议）数量达587.9万吨。国家粮食局副局长卢景波、福建省副省长陈荣凯、安徽省副省长梁卫国、河南省副省长王铁出席并现场参观了九省粮油精品展。

7月16日 国家粮食局在北京大学组织研讨“智慧粮食”相关问题。专家代表就大数据与云技术在粮食行业的实际应用、开发实用的算法与模型、监测预测工作思路及阶段性目标等作了介绍，探析了下一步研究方向与重点、难点问题。国家粮食局和北京大学还就加强粮食信息化及宏观政策研究的合作进行了交流。徐鸣、吴子丹同志出席。

7月27日 全国粮食系统纪念“四无粮仓”创建60周年座谈会在浙江省余杭市召开。会议强调全国粮食系统要大力弘扬“四无粮仓”精神，全面落实国家粮食安全战略，切实守护国家粮食安全。参与当年创建“四无粮仓”的老同志代表参加了会议。任正晓同志出席会议并作重要讲话，徐鸣、吴子丹同志出席会议。

7月27~28日 全国粮食局长座谈会暨全国粮食系统政策法规工作会议在浙江省杭州市召开。会议总结交流2014年上半年各地粮食部门贯彻落实党的十八届三中全会精神和中央关于粮食工作决策部署以及全国粮食流通工作会议情况，进一步推进落实国务院第52次常务会议关于粮食收储和仓储设施建设工作的部署，深入分析当前粮食流通工作面临的形势和存在的问题，研究提出下一阶段推进粮食流通领域改革和流通工作的思路。任正晓、徐鸣、吴子丹、卢景波同志和浙江省副省长黄旭明出席座谈会并讲话。

八月

8月3日 云南鲁甸6.5级地震发生后，国家粮食局高度重视，任正晓同志第一时间与云南、贵州、四川3省粮食局主要负责同志沟通了解情况，要求全力以赴做好抗震救灾工作，确保受灾群众和救灾部队的口粮供应。国家粮食局还督促云南省粮食局做好救灾粮供应预案，加强市场监测和粮源组织调度，确保粮食供应有序进行，切实维护粮油市场稳定和社会安定。同时，要求四川等周边省做好向灾区调运成品粮的准备，一旦需要可随时发运。

8月7日 为认真贯彻落实中共中央办公厅、国务院办公厅《关于厉行节约反对食品浪费的意见》和中宣部、国家发展改革委《关于开展节俭养德全民节约行动的通知》精神，大力促进节粮减损反对粮食浪费，国家粮食局印发关于大力促进节粮减损反对粮食浪费的通知。

8月7日　国家粮食局在北京组织召开"《玉米—规格》等两项国际标准项目启动会"。由我国牵头制修订的 ISO 19942《玉米—规格》和 ISO 15141《谷物和谷物制品—赭曲霉毒素 A 含量的测定—免疫亲和柱净化荧光检测高效液相色谱法》两项标准项目已在国际标准化组织（ISO）注册立项，本次启动会标志着《玉米—规格》等两项国际标准项目的国内专家工作组正式成立。

8月9日　任正晓同志主持召开部分省（市）粮食局对口援藏工作座谈会。会议总结交流了近年来粮食系统对口支援西藏粮食工作的成效和经验，研究部署了进一步推动对口援藏工作的具体措施，衔接落实了有关援助合作项目。会议召开前，任正晓同志还赴西藏自治区部分地市调研粮食流通工作。

8月13~19日　国家粮食局副局长卢景波和武警部队后勤部副部长傅凌带领联合工作组赴新疆检查调研军粮应急保障等工作。工作组先后深入乌鲁木齐、喀什、和田、伊犁等反恐维稳一线的武警部队机关、连队、执勤点和地方军粮配送中心、军粮供应站（点），认真听取驻疆武警部队和地方粮食部门对军粮保障的意见建议，实地查看军粮供应的粮油品种、数量和质量。

8月14日　亚太经合组织（APEC）粮食安全政策伙伴关系机制（PPFS）2014年高级别对话会议、全体成员会议暨 APEC 粮食技术、设施和资源展览会在北京开幕。在这次 PPFS2014 年高级别对话会议上，代表围绕公共部门、私营部门在粮食安全中的角色与实践，粮食安全关心议题等进行交流讨论。来自 APEC 经济体 PPFS 成员、相关企业、APEC 秘书处、亚太经合组织工商咨询理事会秘书处、有关粮农组织的代表近200人参加会议，交流对话，谋求合作，共同促进亚太地区粮食安全。任正晓、曾丽瑛出席会议并发言。

8月25日　国家发展改革委副主任林念修到国家粮食局调研座谈。任正晓、徐鸣、曾丽瑛、吴子丹、卢景波同志参加。

九月

9月4日　国家粮食局局长任正晓在北京会见了来访的塞内加尔共和国农业和农村装备部部长帕帕•阿布杜拉耶•塞克先生一行。宾主双方相互介绍了两国粮食生产、消费、储藏和进出口等方面的情况。双方一致表示，今后要在粮食储藏、物流、质检、科研等方面加强交流与合作。

9月10日　教育部公布了2014年国家级教学成果奖获奖项目名单。国家粮食局遴选推荐的沈阳师范大学粮食学院《高职粮食专业产教融合、工学交替教学模式改革与实践》和江西工业贸易职业技术学院《高职粮食工程专业工学结合一体化人才培养模式的构建和实践》两个项目均荣获职业教育国家级教学成果二等奖，实现了粮食行业国家级教学成果奖零的突破。

9月17日　国家发展改革委、国家粮食局等6部门联合下发《关于印发2014年中晚稻最低收购价执行预案的通知》。预案规定了2014年中晚稻最低收购价水平，中晚籼稻最低收购价每市斤1.38元，粳稻最低收购价每市斤1.55元。执行区域：辽宁、吉林、黑龙江、江苏、安徽、江西、河南、湖北、湖南、广西、四川11省（区）。执行期限：江苏、安徽、江西、河南、湖北、湖南、广西、四川8省（区）为2014年9月16日至2015年1月31日，辽宁、吉林、黑龙江3省为2014年11月1日至2015年3月31日。

9月18日　国家粮食局局长任正晓会见了澳大利亚农业部长巴纳比•乔伊斯先生一行。双方希望在粮食科技、粮油加工、生态储粮、绿色储粮和节粮减损等领域加强交流与合作。随后，在任正晓局长和乔伊斯部长的共同见证下，国家粮食局科学研究院分别与澳大利亚粮食出口创新中心和澳大利亚默多克大学签署了合作备忘录。

9月18日　国家粮食局局长任正晓会见了我国台湾地区农粮部门负责人陈保基先生一行。双方希望，今后两岸要加强在粮食储藏技术、产后减损、粮油科技创新、粮食贸易等方面的交流与合作，并建立长期合作机制，促进两岸同业管理人员和技术人员的经常性、务实性交往，共同努力保障粮食安全，造福于两岸人民。

9月19日　APEC第三届农业与粮食部长会议在北京召开，中国国务院副总理汪洋出席开幕式并致辞。来自亚太经合组织20个经济体的农业与粮食部长和有关国际组织约200名代表出席了会议。会议审议通过了《亚太经合组织粮食安全北京宣言》。任正晓同志出席这次会议并就加强粮食流通、减少产后损失的问题作了大会发言，向会议提出了APEC各经济体共同实行“增产与减损并重”粮食安全政策的倡议。

9月24~26日　国家粮食局直属机关工会第三次会员代表大会暨第三次妇女代表大会在北京召开。会议听取并审议了第二届工会委员会和妇女委员会的工作报告、第二届经费审查委员会工作报告、第二届工会委员会经费收支情况报告，并表决通过了相关决议，选举产生了新一届直属机关工会委员会、经费审查委员会、直属机关妇女委员会以及新一届工会委员会主席、副主席，新一届经审委主任、副主任，新一届妇委会主任、副主任等。任正晓、赵中权同志出席会议。

9月25日　全国秋粮收购工作会议在黑龙江省哈尔滨市召开。会议认真分析了2014年秋粮生产和国内外粮食市场形势，对做好秋粮收购工作做出安排部署。卢景波同志出席会议并讲话。

9月　为贯彻落实国务院常务会议精神，财政部和国家粮食局加大“危仓老库”维修改造力度。中央财政补助资金由2013年的10亿元增至2014年的20亿元，重点支持省份在2013年黑龙江、江苏、江西、湖南4省的基础上，2014年又增加了河南、山东、吉林、内蒙古、安徽、湖北、四川、河北8省（区）。重点支持省份由财政部和国家粮食局按照“公平、公开、公正”的原则，通过“竞争择优”机制联合评审选出，并与其签订《危仓老库维修改造目标责任书》。

十月

10月9日　接到“黑龙江海林一粮食储备仓库8日大火现仍在扑救”的信息报告后，国家粮食局局长任正晓立即作出批示，要求迅速派员赶赴海林，积极支持配合国资委和中储粮总公司组织指导灭火救粮，摸清实情和成因，核查失火责任，落实整改防范措施，严防发生人员伤亡事故，最大限度地降低过火粮食的损失。国家粮食局立即派出人员赶赴现场，10 日早晨又派出何毅总工程师带领专家组赶赴海林火灾现场，指导后续灭火救粮工作。

10 月 10~11 日　全国粮食安全生产培训班在辽宁省沈阳市举办。培训班通报了中央储备粮海林直属库"10·8"火灾事故情况，在全行业部署开展消防安全专项整治行动，宣传贯彻新修订的《中华人民共和国安全生产法》，研究进一步做好重点领域和关键环节安全生产工作，全面推进粮油仓储企业安全生产标准化进程。来自各省区市粮食部门和中央粮食企业等 100 余人参加了培训。

10 月 13 日　由国家粮食局、农业部、共青团中央、全国妇联、联合国粮食及农业组织联合主办的第 24 个全国爱粮节粮宣传周在全国范围启动。2014 年全国爱粮节粮宣传周的主题是"节约一粒粮 我们在行动"。宣传周期间，国家粮食局等主办单位组织在家庭、青少年、企业三个层面开展"节约一粒粮"行动，以增强全民爱粮节粮、科学食粮意识。10 月 16 日，国家粮食局、农业部、共青团中央、全国妇联和联合国粮食及农业组织在清华大学大礼堂联合主办 2014 年世界粮食日、全国爱粮节粮宣传周主会场活动。

10 月 14 日　国家粮食局牵头承担的 ISO 7901：2011 小麦—规格国际标准，获得我国标准化领域的最高奖项"中国标准创新贡献奖"一等奖。ISO 7901：2011 小麦—规格国际标准，实现了我国涉农领域主导修订国际标准的零的突破，为促进国际小麦公平贸易、保障粮食安全作出了贡献。

10 月 24 日　国家粮食局召开党组扩大会议，迅速传达党的十八届四中全会精神，认真学习习近平总书记在全会上的重要讲话和《中共中央关于全面推进依法治国若干重大问题的决定》，研究部署贯彻落实的工作措施。

10 月 27 日　为期 5 天的全国粮食局长培训班在国家行政学院正式开班。按照培训班安排，中农办、全国人大法工委、财政部、科技部、国家食品药品监督管理总局、国家粮食局有关领导和专家分 11 个专题为学员授课。全国各省（自治区、直辖市）粮食行政管理部门负责人参加了本次培训。任正晓同志作开班动员并作了题为"认真贯彻落实党的十八届四中全会精神，全面推进依法治粮，确保国家粮食安全"的讲话，徐鸣同志主持开班式。

10 月 30 日　国家粮食局组织党的优良传统和作风专题党课教育活动，邀请曾经在毛主席身边工作 12 年的吴连登同志给党员干部上党课。任正晓、卢景波同志出席活动。

10 月 31 日　亚太经合组织（APEC）粮食安全系列会议成果落实暨粮食外事工作座谈会在北京召开。会议认真总结了此次举办 APEC 粮食安全系列会议取得的成果、经验和体会，提出了进一步落实系列会议成果的措施和建议，并对如何做好粮食外事工作，提升外事工作水平进行了认真讨论。任正晓同志出席会议并作讲话，曾丽瑛同志主持会议。

十一月

11 月 4 日　国家粮食局召开年轻干部培养锻炼工作座谈会。会议传达学习了全国优秀年轻干部培养选拔工作座谈会的重要精神，听取了赴基层实践锻炼年轻干部代表的心得体会报告，参会司局主要负责人与年轻干部进行了面对面的讨论交流。任正晓同志出席会议并讲话，赵中权同志主持会议。

11 月 16 日　全国粮食科技创新大会在北京召开。会议发布了粮食储藏成套新技术新工艺集成创新——粮食储藏“四合一”升级新技术、呕吐毒素超标小麦安全合理利用技术研究与应用示范、粮食信息化管理技术创新——库存粮食识别代码及物联网技术应用、食用植物油适度加工关键技术等一批重大科技成果和前沿技术进展情况，宣布了国家粮食局科学研究院等首批 10 个“科技兴粮示范单位”并举行了授牌仪式。任正晓、徐鸣、吴子丹同志出席会议并讲话。

11 月 21～23 日　国家粮食局党组理论学习中心组以“深入学习宣传贯彻党的十八届四中全会精神，全面推进依法治粮、加快法治粮食建设”为主题进行集中学习。21 日上午举办学习贯彻党的十八届四中全会精神专题报告会，邀请公安部法制局副局长、四中全会《决定》文件起草组成员李文胜同志作了题为《认真学习贯彻四中全会精神全面推进法治中国建设》的辅导报告。

11 月 24 日　国家粮食局局长任正晓会见了来访的阿根廷农牧渔业部部长卡洛斯 • 卡萨米格拉先生（Mr. Carlos Casamiquela）一行。宾主双方交流了中阿两国粮食生产、消费和贸易情况，并就进一步落实 2012 年 6 月中国国家粮食局与阿根廷农牧渔业部签署的《中华人民共和国国家粮食局与阿根廷共和国农牧渔业部合作谅解备忘录》交换了意见。双方一致认为要在粮食储藏、粮食产后减损、粮油科技、粮油质量标准互通和粮油信息交流等方面进一步商讨具体的合作方式和内容，力求 2015 年中阿两国在粮食领域的交流与合作能取得新的成效。

11 月 25 日　国家粮食局、国家发展和改革委员会等 4 部门印发《国家发展和改革委员会 国家粮食局 财政部 中国农业发展银行关于 2014 年东北地区国家临时存储玉米收购有关问题的通知》，国家决定 2014 年继续在东北 3 省和内蒙古自治区实施玉米临时收储政策。收购时间：自本通知印发之日至 2015 年 4 月 30 日。收购价格：内蒙古、辽宁 1.13 元 / 市斤，吉林 1.12 元 / 市斤，黑龙江 1.11 元 / 市斤。相邻等级之间差价按每市斤 0.02 元掌握。

11 月 27～28 日　全国粮食系统文化建设座谈会在河北省石家庄市召开。会议主要内容：深入贯彻落实党的十八大、十八届三中、四中全会精神和习近平总书记在文艺工作座谈会上的重要讲话精神，总结交流粮食系统近年来培育和践行社会主义核心价值观、加强粮食文化建设的经验做法，研究部署下一步工作。赵中权同志出席会议并讲话。

十二月

12 月 3～5 日　全国粮食财会培训班在北京举办。国家粮食局邀请财政部、中国农业发展银行总行有关负责同志以及部分《粮食企业会计实务操作手册》编撰人员分别进行了授课，指导粮食企业学习贯彻执行《企业会计准则》和《小企业会计准则》，规范企业会计核算，促进粮食企业改革发展，服务粮食宏观调控。各省（区、市）粮食部门及中央粮食企业和部分地方大型国有及民营粮食企业负责人和财会人员 150 人参加了培训。

12 月 5 日　国家发展改革委连维良副主任

到国家粮食局调研座谈。任正晓、徐鸣、曾丽瑛、吴子丹、卢景波同志出席。

12月9日　国家粮食局召开全国粮食仓储设施专项调查动员电视电话会议。这次专项调查的调查对象实行“全覆盖原则”，调查方式实行“在地原则”，采取系统化、标准化操作，采用信息化技术实施调查。本次专项调查分四个阶段实施：调查准备、企业填报、市县普查、汇总上报。吴子丹同志出席会议并讲话。

12月15日　国家粮食局会同人力资源社会保障部印发关于评选全国粮食系统先进集体、先进工作者和劳动模范的通知，经各省（自治区、直辖市）和新疆建设兵团人力资源社会保障部门、粮食行政管理部门逐级推荐和评选，经复审，拟表彰北京市大兴区粮食局等90个全国粮食系统先进集体、谭毅等43名全国粮食系统先进工作者、李金禄等87名全国粮食系统劳动模范。

12月15日　国家粮食局召开党组扩大会议，传达贯彻中央经济工作会议精神，认真学习习近平总书记、李克强总理的重要讲话，传达全国发展改革工作会议精神，研究部署贯彻落实中央经济工作会议精神的具体措施。

12月22日　粮油加工科研工作座谈会在江苏省无锡市召开。与会粮油加工领域专家等介绍了各自单位近年来粮油加工方面所取得的科研成果，围绕实施“科技兴粮”工程，提出了“十三五”粮油加工技术发展思路和重大项目建议。企业代表结合自身经营和粮油产业发展，提出了加工业技术瓶颈和装备开发问题等需求。吴子丹同志出席会议。

12月24日　国家粮食局召开党组扩大会议，及时传达学习中央农村工作会议精神，研究贯彻落实的具体措施。会议要求，贯彻中央农村工作会议精神，要扎实做好岁末年初的粮食流通各项重点工作。

12月31日　国务院印发《关于建立健全粮食安全省长责任制的若干意见》，从粮食生产、流通、消费等各环节，进一步明确了各省级人民政府在维护国家粮食安全方面的事权与责任，对建立健全粮食安全省长责任制作出全面部署。

二　2014/2015年度国际粮油市场回顾

2014/15年度全球谷物产量继续大幅增加，消费量增幅较小，供需状况宽松。根据联合国粮农组织数据，预计2014/15年度全球谷物产量25.44亿吨，同比增加2078万吨，增幅0.82%；谷物消费量24.93亿吨，同比增加6227万吨，增幅2.58%；谷物库存6.45亿吨，同比增加3770万吨，增幅6.20%。另据美国农业部数据，2014/15年度全球谷物产量24.81亿吨，同比增加822万吨，增幅0.33%；消费量24.64万吨，同比增加3988万吨，增幅1.65%；库存量5.19亿吨，同比增加1731万吨，增幅3.45%。2014/15年度全球油料产量5.33亿吨，同比增加

2811万吨，增幅5.57%；消费量4.32亿吨，同比增加1322万吨，增幅3.16%；库存量1.03万吨，同比增加2273万吨，增幅28.17%。

(一)小麦

全球小麦产量增加。根据美国农业部数据，2014/15年度全球小麦产量7.26亿吨，比上年增加963万吨，增幅1.34%。本年度哈萨克斯坦和加拿大小麦播种面积减幅较大，除此之外的其他主产国小麦播种面积均较上年增加。预计2014/15年度欧盟小麦产量1.56亿吨，同比增加1212万吨，增幅8.4%。2014/15年度印度小麦单产小幅下滑，但由于播种面积扩大，小麦总产仍达到9585万吨的历史高点，同比增加234万吨，增幅2.5%。俄罗斯小麦生长季节天气情况良好，单产较上年显著增加，预计2014/15年度俄罗斯小麦产量5908万吨，同比增加699万吨，增幅13.42%。美国小麦受单产降低的影响，2014/15年度虽然播种面积较上年增加，但小麦产量仅为5513万吨，同比减少298万吨，减幅5.12%，自2012年起美国小麦产量持续下滑。

全球小麦消费增加。预计2014/15年度全球小麦消费量7.16亿吨，同比增加998万吨，增幅1.41%。由于小麦价格低迷，全球小麦饲用量在上年基础上大幅回升。预计2014/15年度全球小麦饲用量1.39亿吨，同比增加769万吨，增幅5.84%。小麦食品和工业消费量缓慢上升势头维持常态。预计2014/15年度全球小麦食用消费量5.73亿吨，同比增加718万吨，增幅1.27%。

全球小麦贸易量减少。预计2014/15年度全球小麦进口量1.59亿吨，同比增加112万吨，增幅0.71%；小麦出口量1.62亿吨，同比减少377万吨，减幅2.28%。美国产量大幅下降使得其出口供应能力降低，预计2014/15年美国小麦出口量2395万吨，同比减少806万吨，减幅25.18%。澳大利亚小麦产量下降也导致其出口量同比降低，预计2014/15年度澳大利亚小麦出口量1700万吨，同比减少162万吨，减幅8.71%。从2011年澳大利亚小麦出口达到2400万吨以上的历史峰值之后，近几年的小麦出口规模逐年萎缩。

全球小麦库存增加。预计2014/15年度全球小麦库存量1.97亿吨，同比增加1064万吨，增幅5.70%。除印度以外，小麦主产国库存基本较上年增加。预计2014/15年美国小麦期末库存量1863万吨，同比增加256万吨，增幅15.94%；俄罗斯小麦期末库存量864万吨，同比增加343万吨，增幅65.85%；欧盟小麦库存量1533万吨，同比增加535万吨，增幅53.57%。

2014年国际小麦市场价格呈现震荡走势。5月之前，受部分主产国减产预期以及乌克兰局势的不确定性的影响，市场预计全球小麦出口供应或将减少，小麦价格持续强劲上涨。5月以后随着北半球小麦进入收获期，全球市场供应增加，小麦价格也进入了下滑通道。8月随着俄罗斯、乌克兰冲突再起，小麦价格有所回调，但由于小麦供应总体充裕，涨幅有限。10月以后，由于黑海地区和澳大利亚小麦产区天气恶劣，市场对于小麦供应有所担忧，小麦价格持续回升。12月31日，芝加哥期货交易所市场小麦主力合约价格为589.75美分/蒲式耳，比年初上涨了7.25美分/蒲式耳，增幅1.21%。

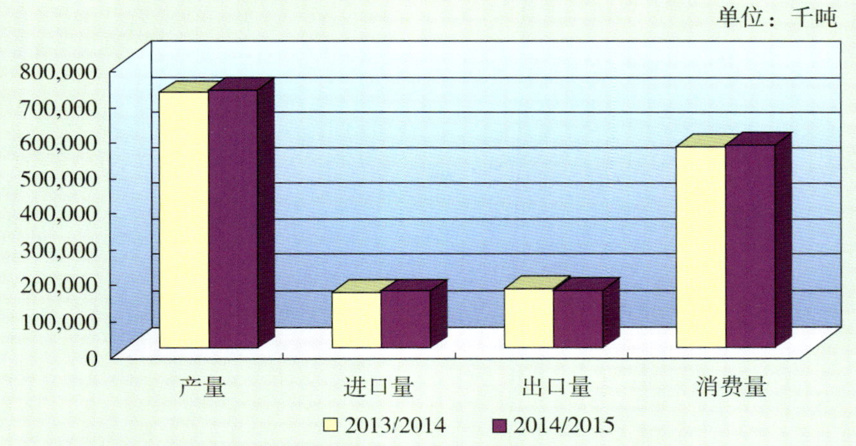

图 1　全球小麦供求情况

(二)大米

全球大米产量减少。根据美国农业部数据，2014/15 年度全球大米产量 4.75 亿吨，同比减少 228 万吨，减幅 0.48%。大米产量近年来波动较小，但 2014 年主产国印度、泰国大米产量降低使得全球大米总产量下滑。受季风因素影响，预计 2014/15 年度印度产量 1.03 亿吨，比上年减少 404 万吨，减幅 3.79%；泰国稻米政策变动影响了稻谷的种植面积，从而使得 2014/15 年度泰国大米产量同比减少 131 万吨至 1915 万吨，这也是自 2009 年以来泰国大米产量首次低于 2000 万吨；预计 2014/15 年度越南大米产量 2805 万吨，同比略减 11 万吨，减幅 0.39%；预计 2014/15 年度中国大米产量 1.45 亿吨，同比增加 197 万吨，增幅 1.38%。

全球大米消费量增加。近年来大米消费量持续缓慢增加，但年度间增加的比率不超过 3%。预计 2014/15 年度全球大米消费量 4.83 亿吨，同比增加 294 万吨，增幅 0.61%。除中国之外，孟加拉在 2014/15 年度的大米消费量增幅相对较大，从上年度的 3490 万吨提高到 2014/15 年度的 3530 万吨，增幅 1.15%。

全球大米贸易量增加。预计 2014/15 年度全球大米进口量 4003 万吨，同比增加 113 万吨，增幅 2.89%；全球大米出口量 4229 万吨，同比增加 49 万吨，增幅 1.18%。泰国取代了印度，重新回到全球大米出口第一大国的位置，预计 2014/15 年度泰国大米出口量 1100 万吨，同比减少 3.1 万吨，减幅 0.28%。预计 2014/15 年度印度大米出口量 900 万吨，同比减少 115 万吨，减幅 11.32%。中国进口量较上年增加，连续三年居全球大米进口量首位。

全球大米库存量下降。预计 2014/15 年度全球大米库存量 9858 万吨，同比减少 843 万吨，减幅 7.88%。

2014 年国际稻米市场价格呈现震荡格局。上半年除了泰国大米价格呈下跌走势以外，越南、巴基斯坦等国的大米出现了量价齐增的局面。但随着泰国库存大米的处理及销售，泰国大米价格逐渐调整到位，越南、巴基斯坦大米的出口价格也开始进入下滑通道。年中，虽然越南大米价格还曾一度超过传统高米价的泰米，但年末市场价格又回归至泰米价格以下。统计数据显示，2014年年末，泰国5%破碎率大米离岸价（FOB）（下同）为418美元/吨，与年初基本持平；越南同品质大米为395美元/吨，较年初下跌15美元/吨；巴基斯坦同品质大米为375美元/吨，较年初下跌10美元/吨。

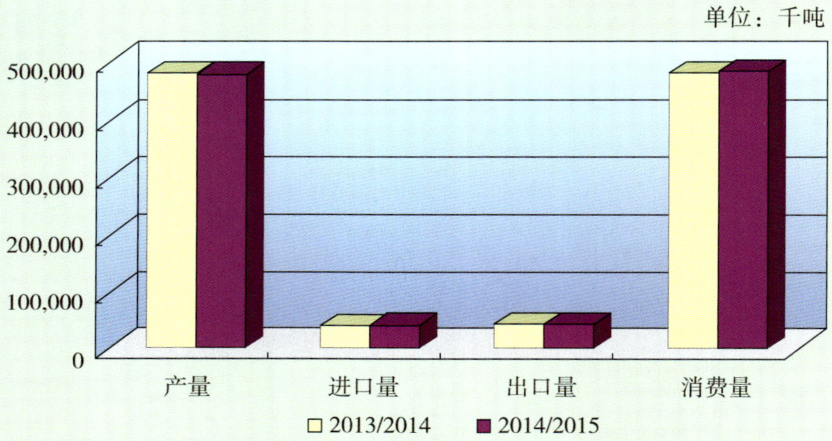

图2 全球大米供求情况

（三）玉米

全球玉米产量增长至历史高点。根据美国农业部数据，2014/15年度全球玉米产量9.92亿吨，同比增加322万吨，增幅0.33%。美国、欧盟玉米产量大幅增加是全球产量增加的主要原因。预计2014/15年度美国玉米产量3.61亿吨，同比增加982万吨，增幅2.80%；2014/15年度欧盟玉米产量7416万吨，同比增加990万吨，增幅15.41%。乌克兰玉米从上年的创纪录产量下滑，预计2014/15年乌克兰玉米产量2845万吨，同比减少245万吨，减幅7.93%；巴西玉米产量也连续两年下降，预计2014/15年度巴西玉米产量7500万吨，同比减少500万吨，减幅6.25%。

全球玉米贸易量减少。预计2014/15年度全球玉米进口量1.15亿吨，同比减少750万吨，减幅6.14%；玉米出口量1.17亿吨，同比减少1292万吨，减幅9.89%。主产国玉米出口均出现下降，其中以美国、乌克兰和阿根廷的降幅最为明显。预计2014/15年度美国玉米出口量4572万吨，同比减少298万吨，减幅6.12%；乌克兰玉米出口量1800万吨，同比减少200万吨，减幅10.02%；阿根廷玉米出口量1500万吨，同比减少230万吨，减幅13.09%。

全球玉米消费量增加。预计2014/15年度全球玉米消费量9.71亿吨，同比增加2644万吨，增幅2.80%。其中玉米饲用消费仍维持较高的增速，预计2014/15年度全球玉米饲用消费量5.96亿吨，同比增加2301万吨，增幅4.02%。其中美国本国玉米饲料消费增幅较上年降低，从上年度的1.28亿吨增加到1.33亿吨，同比增加544万吨，增幅4.25%，远低于上年20%以上的增长幅度。玉米食用与工业消费小幅增加。预计2014/15年度全球玉米食用与工业消费量3.75亿吨，同比增加343万吨，增幅0.92%。

全球玉米库存大幅回升。预计2014/15年度全球玉米库存1.88亿吨，为2001年以来的最高水平，同比增加1761万吨，增幅10.31%。美国玉米库存量提升尤为明显。预计2014/15年度美国玉米期末库存量4642万吨，同比增加1513万吨，增幅48.34%。南美地区玉米库存量有所降低。预计2014/15年度巴西玉米期末库存量1777万吨，同比减少120万吨，减幅6.33%。

2014年国际市场玉米价格剧烈震荡。5月以前，受玉米头号生产国美国玉米播种情况以及地缘政治等因素的影响，玉米价格从上年的低位缓慢上行，至5月中旬达年内高点。但由于2013至2014年美国玉米产量连续创下历史纪录，且随着美国玉米种植和生长情况逐渐明朗，庞大的供应压力下，玉米价格转而下滑，并于9月底10月初达到年内低点。2014年的最后两个月里，玉米价格在需求恢复的推动下缓慢回升。12月31日，芝加哥期货市场玉米主力合约价格为397美分/蒲式耳，比年初下跌23.5美分/蒲式耳，降幅5.57%。虽然年度价格变化不明显，但年内波动幅度达204.4美分/蒲式耳。

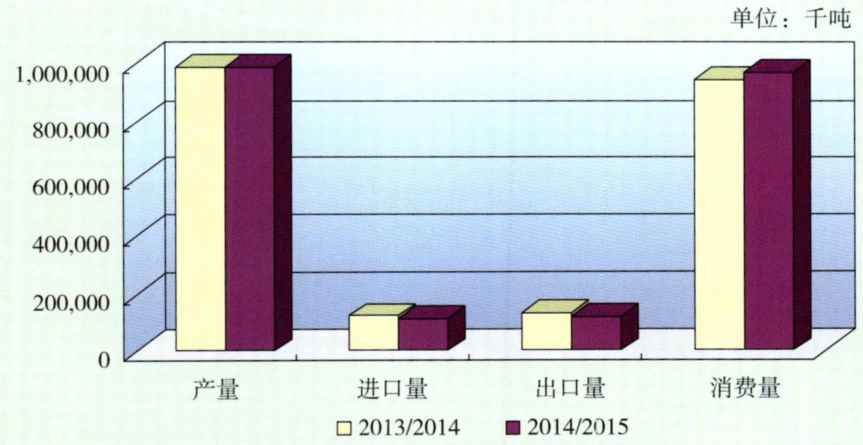

图3 全球玉米供求情况

(四)大豆

全球大豆产量大幅增加。根据美国农业部数据，2014/15年度全球大豆产量3.15亿吨，同比增加3183万吨，增幅11.22%。三个大豆主产国播种面积以及单产连续两年大幅提高使得全球大豆供应充足。预计2014/15年度美国大豆产量首次超过1亿吨，达1.08亿吨，同比增加1663万吨，增幅18.19%；巴西大豆产量9450万吨，同比增加780万吨，增幅9.00%；阿根廷大豆产量5700万吨，同比增加300万吨，增幅5.56%。

全球大豆消费量增加。预计2014/15年度全球大豆消费量2.89亿吨，同比增加1590万吨，增幅5.82%。压榨消费量的增加推动了全球大豆消费量提高。预计2014/15年度全球大豆压榨消费量2.39亿吨，同比增加962万吨，增幅4.20%。预计2014/15年度全球大豆食用消费量1557万吨，同比增加7万吨，增幅0.42%；饲用消费量1475万吨，同比增加57万吨，增幅4.05%。

全球大豆贸易量增加。预计2014/15年度全球大豆进口量1.14亿吨，同比增加296万吨，增幅2.66%。中国由于需求旺盛，大豆进口量预计在2014/15年度将达到7400万吨，同比增加364万吨，增幅5.17%。全球大豆出口量1.17亿吨，同比增加458万吨，增幅4.06%。随着主产国大豆产量的增加，市场供应量也相应提高。预计2014/15年度美国大豆出口量从上年度的3591万吨增加至4300万吨，增幅19.74%；巴西大豆出口量4450万吨，同比增加260万吨，增幅6.20%。

全球大豆库存量增加。预计2014/15年度全球大豆库存量8953万吨，同比增加2323万吨，增幅35.03%。美国大豆期末库存量急剧增加，预计2014/15年度美国大豆期末库存量1006万吨，同比增加756万吨，增幅高达301.88%；南美两大主产国库存量在上年的基础上大幅提高。预计2014/15年度巴西大豆库存量2458万吨，同比增加805万吨，增幅48.07%；阿根廷大豆库存量3572万吨，同比增加672万吨，增幅23.18%。

2014年国际大豆价格总体呈现先扬后抑的态势。上半年，在南美天气和良好需求预期的影响下，大豆市场价格处于上升通道中，国际大豆价格从1200美分/蒲式耳上涨到1500美分/蒲式耳以上。进入下半年，受新季美国大豆丰产预期的压制，国际大豆价格快速下跌。10月1日，美国芝加哥期货交易所大豆主力合约跌至年内最低的904美分/蒲式耳，同时也创出2010年7月以来的新低。与5月22日年内价格高点1536.75美分/蒲式耳相比，跌幅达到41%。截至12月31日，芝加哥期货交易所大豆主力合约价格为1023.5美分/蒲式耳，比年初下跌246.5美分/蒲式耳，跌幅19.41%。

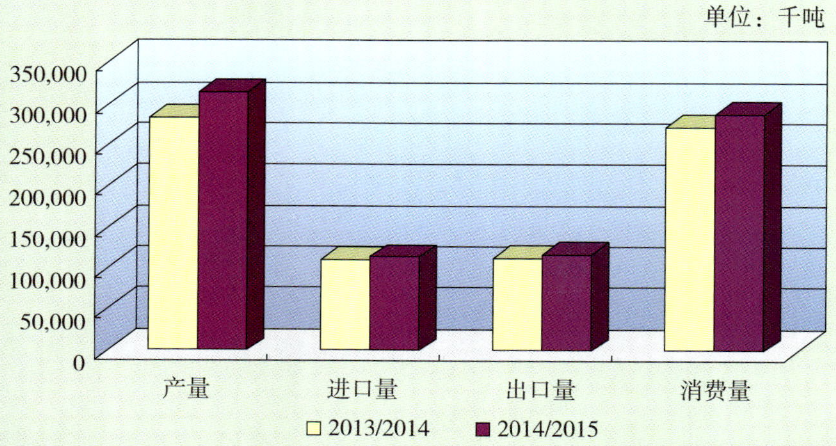

图4　全球大豆供求情况

三 联合国粮农组织（FAO）2015 年全球粮食形势展望

联合国粮农组织（FAO）于 2015 年 5 月发布了首期粮食展望报告。报告指出，基于目前播种情况及种植意向，假设未来天气正常，2015 年全球谷物产量预计为 25.09 亿吨（稻米以大米计），将较上年减少 3900 万吨，减产 1.5%，主要由于玉米减产所致，但仍较过去 5 年平均水平高约 5%。2015/16 年度，预计全球谷物消费量将达到 25.22 亿吨，较 2014/15 年度增加 1%，而上年消费增幅为 2.6%，更是低于 2014/15 年度 4.8% 的消费增幅。2015/16 年度谷物消费增长速度减缓，主要原因是谷物饲料与工业消费数量减少，尤其是燃料乙醇生产消费减少。全球范围内，人均年谷物消费量为 153 公斤，人均年小麦、稻米消费稳定在 67 公斤和 57.5 公斤。

2015/16 作物年度末，全球谷物库存预计降至 6.27 亿吨，较期初减少近 3%，主要原因是粗

表 1　全球谷物供需概况

	2013/14	2014/15 估计值	2015/16 预测值	年度变化 2015/16 较 2014/15
	百万吨			%
全球情况				
生产	2526.1	2548.3	2509.2	–1.5
贸易	357.8	351.4	349.4	–0.6
总消费	2433.8	2496.0	2521.9	1.0
食用	1089.5	1102.2	1115.2	1.2
饲用	840.8	878.5	892.2	1.6
其他用途	503.4	515.3	514.6	–0.1
期末库存	609.4	645.6	626.6	–2.9
供需指标				
人均食用消费：				
全球（公斤 / 年）	152.4	152.6	152.7	0.1
低收入缺粮国家（公斤 / 年）	149.9	150.1	150.3	0.1
全球库存消费比（%）	*24.4*	*25.6*	*24.4*	
主要出口国库存消耗比（%）	*17.3*	*17.8*	*16.5*	
FAO 谷物价格指数 (2002–2004=100)	2013	2014	2015 1~4 月	变化 2015 年 1~4 月较 2014 年 1~4 月 %
	219	192	172	–15.0

粮和稻米库存减少。世界谷物库存消费比略有下降，为 24.4%，上年为 25.6%。

FAO 预计 2015/16 年度世界谷物贸易量较上年减少 0.6%，主要由于小麦、大麦贸易量下降。在谷物总体供应充足、美元走强的大背景下，国际谷物价格出现较大幅度下降。

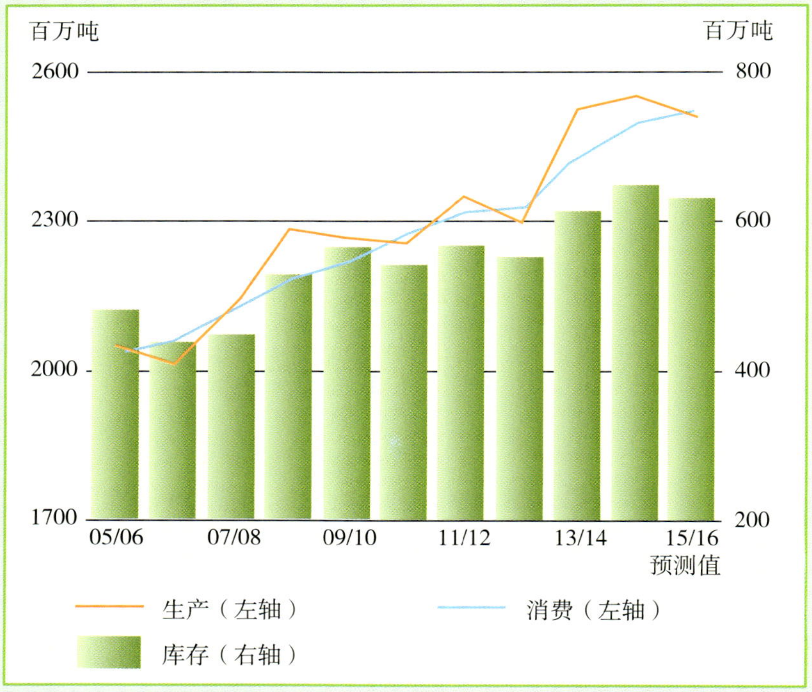

图 1　全球谷物生产、消费与库存情况

（一）小麦

FAO 预测，2015 年全球小麦产量约 7.19 亿吨，较上年减少 1.2%。小麦减产的主要原因是欧洲小麦播种面积减少产量降低。虽然减产，但 2015/16 年度小麦供给充足的形势不会改变。

FAO 预计，2015/16 年度小麦消费继续增长，达到 7.16 亿吨，较上年增加 0.6%，增速远低于过去两年水平，消费增速下降主要因为饲料粗粮价格上有竞争优势。2016 年作物年度末，全球小麦库存预计达到 1.99 亿吨，较期初减少 0.5%，库存消费比为 27.8%。

FAO 预测，2015/16 年度世界小麦贸易量 1.51 亿吨，比上年减少 1.3%，发展中国家进口数量减少。

1. 小麦生产

FAO 预测，2015 年全球小麦产量约为 7.19 亿吨，较上年减少约 1000 万吨。小麦减产的主要原因是亚洲和北美小麦增产难抵欧洲国家小麦减产。

表 2 全球小麦供需概况

	2013/14	2014/15 估计值	2015/16 预测值	年度变化 2015/16 较 2014/15
	百万吨			%
全球情况				
生产	2526.1	2548.3	2509.2	−1.5
贸易	357.8	351.4	349.4	−0.6
总消费	2433.8	2496.0	2521.9	1.0
食用	1089.5	1102.2	1115.2	1.2
饲用	840.8	878.5	892.2	1.6
其他用途	503.4	515.3	514.6	−0.1
期末库存	609.4	645.6	626.6	−2.9
供需指标				
人均食用消费：				
全球（公斤／年）	152.4	152.6	152.7	0.1
低收入缺粮国家（公斤／年）	149.9	150.1	150.3	0.1
全球库存消费比（%）	*24.4*	*25.6*	*24.4*	
主要出口国库存消耗比（%）	*17.3*	*17.8*	*16.5*	
FAO 小麦价格指数	2013	2014	2015 1~4 月	变化 2015 年 1~4 月较 2014 年 1~4 月 %
	219	192	172	−15.0

FAO 预计，美国 2015 年小麦总产量 5600 万吨，较上年增加 1.6%。主要是由于美国冬小麦播种面积增加 9%，导致产量增加。预计加拿大 2015 年小麦总产量 2950 万吨，较上年增加 0.7%，增产主要原因是加拿大增加了杜伦麦的播种面积。

在欧洲，FAO 预计欧盟 2015 年小麦产量 1.48 亿吨，减产 1500 万吨，减幅约 4.9%，上年产量 1.56 亿吨，减产主要原因是播种面积减少。俄罗斯冬小麦播种面积较上年增加而春小麦播种面积减小，预计 2015 年俄罗斯小麦总产量 5400 万吨，比上年 5970 万吨减少 9.5%。乌克兰小麦产量也将下降，为 2360 万吨，较上年减少 2.1%，主要由于单产较上年历史最高纪录有所降低。

在亚洲，2015 年小麦收成预计保持与上年相当的高产水平。中国由于小麦播种面积与上年持平，气候适宜，FAO 预计 2015 年中国小麦产量将达到 1.26 亿吨，与上年创纪录水平相当。印度由于小麦主产区收获前气候条件不佳，2015 年小麦产量预计为 9200 万吨，较上年减少 4%。2015 年巴基斯坦小麦播种面积增加，官方预计产量为 2640 万吨，较上年创纪录水平增产 4%。哈萨克斯坦预计 2015 年小麦产量 1250 万吨，较上年减少 3.8%。土耳其 2015 年小麦产量 2100 万吨，较上年增加

10.5%，适宜的气候是土耳其小麦增产的主要原因。

北非为非洲小麦的主产区，小麦生长气候条件良好，预测产量比较乐观。埃及预计2015年小麦产量850万吨。

在南半球，澳大利亚2015年小麦播种面积增加了1400万公顷，预计澳大利亚2015年小麦产量2440万吨，较上年增加3.4%。南美洲小麦播种时间为5月至9月，由于阿根廷小麦价格疲软，预计将影响播种面积；巴西则由于对高品质小麦需求增加，磨粉小麦播种面积略有增加。但总体而言，南美洲2015年小麦产量将较上年减少2.3%，总产量将达到2410万吨。中美洲及加勒比海地区，墨西哥小麦产量将增产10%，达到410万吨。

2. 小麦消费

2015/16年度全球小麦消费量预计增加到7.16亿吨，比2014/15年度增长0.6%。2015/16年度全球小麦食用消费预计达到4.89亿吨，较上年增长0.9%，人均小麦食用消费稳定在每年67公斤。亚洲是小麦食用消费的主要地区，欧洲和非洲分别只占17%和11%。发展中国家人均年食用小麦消费59.9公斤，发达国家人均年食用小麦消费96.6公斤。

预计2015/16年度小麦饲料消费1.39亿吨，较上年增长0.3%。欧盟作为饲料小麦的最大消费地区，预计2015/16年度欧盟饲料小麦消费5100万吨，上年消费5300万吨。预计中国饲料小麦消费1900万吨，较上年增长200万吨，主要因为玉米等粗粮价格较高。

3. 小麦库存

FAO预计，在2015年结束的小麦作物年度末，全球小麦库存接近2亿吨，较期初水平增加1000万吨，增长5.5%。主要原因是2013年、2014年连续两年小麦大丰收，使得全球小麦库存增加。全球小麦库存消费比将达到27.9%，高于上年的26.6%，远高于2007/08年度的历史最低点19.9%。欧盟小麦库存增加600万吨，俄罗斯增加300万吨，美国增加260万吨，印度增加250万吨，阿根廷增加100万吨；预计加拿大、中国小麦库存分别减少340万吨和220万吨。主要小麦出口国2015/16年度小麦库存消耗比（库存消耗为国内消费量加上出口量）将从2014/15年度的15.5%提高到16.6%，供应形势比较乐观。

4. 小麦贸易

FAO预测，2015/16年度全球小麦贸易量（含面粉折算小麦）为1.51亿吨，较2014/15年度减少130万吨。

在亚洲，预计2015/16年度小麦进口总量为7280万吨，较上年减少进口70万吨。其中土耳其减少小麦进口100万吨。中国和韩国小麦进口略增，其他国家进口数量基本稳定。菲律宾进口小麦数量达到330万吨，2014年11月，菲律宾决定对进口自土耳其的面粉实施5年的反倾销关税，征收税率为16%。

在非洲，2015/16年度小麦进口量预计为4300万吨，与上年基本持平。由于埃及国内小麦减产以及需求增加，作为全球最大的小麦进口国，预计埃及小麦进口量1100万吨。尼日利亚进口量与上年相当，为470万吨。摩洛哥小麦进口略减，进口数量为300万吨。南非进口小麦数量为160万吨，与上年相当。3月份，南非将小麦进口关税从每吨13美元提高到了每吨 38 美元。

在欧洲，2015/16 年度小麦进口量预计为 850 万吨，较 2014/15 年度的进口量增长近 40 万吨，主要是欧盟进口增加。预计欧盟 2015/16 年度进口小麦 600 万吨。拉丁和加勒比国家，2015/16 年度小麦进口数量为 2130 万吨，较上年减少 140 万吨。

出口方面，由于美元走强，削弱了美国小麦价格的竞争力，尤其是与欧盟小麦相比。在即将结束的 2014/15 年度，预计美国共出口小麦 2350 万吨，较上年减少 800 万吨，而欧盟小麦出口量将创下新的历史纪录，达到 3200 万吨。

5. 小麦价格

全球小麦供给增加，尤其是主要出口国货源充足，2015 年一开始，全球小麦价格就面临下行压力。2013 年、2014 年连续两年丰收，巨大的库存量使小麦价格于 2015 年 3 月跌到 2010 年以来的最低点。尽管俄罗斯从 2015 年 2 月至 6 月实施小麦出口限制，都没能阻止国际市场小麦价格的下跌。2015 年 4 月，基准美国 2 号硬红冬麦的价格平均每吨为 242 美元，较 2014 年 4 月的价格下跌了 100 美元，跌幅 30%。

表 3　全球粗粮供需概况

	2013/14	2014/15 估计值	2015/16 预测值	年度变化 2015/16 较 2014/15
	百万吨			%
全球情况				
生产	1312.3	1324.4	1290.0	–2.6
贸易	158.7	157.0	156.0	–0.6
总消费	1247.4	1284.5	1297.5	1.0
食用	199.7	202.7	206.1	1.7
饲用	698.7	724.9	737.3	1.7
其他用途	349.0	356.9	354.2	–0.8
期末库存	238.9	269.5	259.6	–3.7
供需指标				
人均食用消费：				
全球（公斤 / 年）	27.9	28.1	28.2	0.4
低收入缺粮国家（公斤 / 年）	39.6	39.7	40.1	1.0
全球库存消费比（%）	*18.6*	*20.8*	*19.6*	
主要出口国库存消耗比 (%)	*11.5*	*14.6*	*13.7*	
FAO 粗粮价格指数	2013	2014	2015 1~4 月	变化 2015 年 1~4 月较 2014 年 1~4 月 %
	246	183	165	–18.3

(二) 粗粮

FAO 预测，2015 年全球粗粮产量 12.9 亿吨，较上年历史最高纪录减少 2.6%，上年产量 13.24 亿吨，主要原因是美国减产。FAO 预测全球大麦和高粱产量也将减少，主要因为欧盟、俄罗斯和乌克兰减产。粗粮 2015/16 年度国际贸易量将减少，为 1.56 亿吨，大麦贸易量减少是主要因素。

全球 2015/16 年度粗粮消费将增长 1%，为 12.98 亿吨。主要是饲料用粮增加，全球粗粮饲料消费量将达到 7.37 亿吨。在 2016 年结束的作物年度末，全球粗粮库存预计为 2.6 亿吨，较期初减少 990 万吨，减幅为 3.7%。全球粗粮库存消费比由上年的 20.8% 下降至 19.6%。

1. 粗粮生产

FAO 预测，2015 年全球粗粮产量为 12.9 亿吨，较上年历史最高纪录减少 2.6%。粗粮产量减少的主要原因是欧洲玉米、大麦减产以及南非玉米减产。

2015 年全球玉米产量预计达到 9.95 亿吨，较 2014 年减少 3%。预计美国玉米播种面积由于玉米价格原因而略有下降，预计美国 2015 年玉米产量 3.5 亿吨，较上年减少 3%。2015 年，中国玉米产量预计因种植面积增加而再创新高，达到 2.17 亿吨。欧盟国家的玉米播种面积将有所减少，尤其是英国，加上单产从上年超常水平回归，欧盟 2015 年玉米产量 7000 万吨，较上年减产 6%。俄罗斯产量保持在 1100 万吨；乌克兰由于生产成本增加，玉米播种面积减少，2015 年乌克兰玉米产量 2500 万吨，上年为 2850 万吨。

在南半球，2015 年玉米的收获工作将于 7 月份完成。在南美洲，预计玉米产量为 1.18 亿吨，上年历史纪录产量为 1.24 亿吨。巴西、阿根廷由于种植玉米比较收益比大豆低，导致玉米播种面积减少。在中美洲，墨西哥作为该地区最大玉米生产国，预计产量为 2250 万吨，而上年为 2390 万吨。在南部非洲，早期的干旱影响了收成。尤其是南非，预计该地区玉米总产量为 1000 万吨，较 2014 年减产 1/3，上年南非玉米产量为 1490 万吨。

FAO 预测，2015 年全球大麦产量 1.41 亿吨，较 2014 年减少 2%，主要是由于欧洲国家大麦减产。FAO 预测 2015 年全球高粱产量 6200 万吨，比上年减产 2%。

2. 粗粮消费

FAO 预计，2015/16 年度全球粗粮消费将达到 12.98 亿吨，较 2014/15 年度增长 1%，连续第三年高于粗粮消费的 10 年趋势值，但与前两年相比，增速有所放缓。

2015/16 年度全球粗粮食用消费量预计为 2.06 亿吨，较上年增长 2%，占粗粮总消费量的 16%。非洲玉米食用消费增长较快，为 8600 万吨，较上年增长 3%；亚洲、拉美和加勒比地区玉米食用消费数量分别为 6500 万吨和 2100 万吨。全球人均年粗粮食用消费稳定在 28.2 公斤，非洲人均 75 公斤，拉美和加勒比地区人均 96.9 公斤，亚洲稳定在 14.9 公斤。

2015/16 年度全球粗粮饲料消费量预计达到 7.37 亿吨，较上年增长 2%。美国粗粮饲用消费 1.45 亿吨，较上年增长 5%；欧盟粗粮饲用消费 1.24 亿吨，较上年增长 3%。2015/16 年度全球粗粮工业消费预计超过 3 亿吨，较上年增长 1%。FAO 援引国际谷物理事会数据，2014/16

年度约有近2.63亿吨玉米被用作生产淀粉、甜味剂和燃料乙醇。

3. 粗粮库存

FAO预测，2015/16年度全球粗粮期末库存2.6亿吨，较期初库存减少4%，约1000万吨。玉米库存降至2.17亿吨，较期初减少2%；大麦库存2690万吨，比期初减少8.5%。南非和乌克兰因减产导致粗粮库存下降是造成全球粗粮库存减少的主要原因。

FAO预计，2015/16年度全球粗粮库存消费比为19.6%，较上年的20.8%有所下降。主要出口国库存消耗比为13.8%，上年为14.5%，供给形势依然良好。

4. 粗粮贸易

FAO预测，2015/16年度全球粗粮贸易量较上年略微下降0.6%，为1.56亿吨。大麦贸易量下降，抵消了玉米、燕麦、黑麦和高粱贸易量的增长，小米贸易量保持在上年水平。

全球玉米贸易量预计为1.17亿吨，较上年略增。欧盟玉米进口量将超过900万吨，反映出欧盟玉米产量不足。预计亚洲玉米进口量也略微降低，为5900万吨。中国玉米进口量将跌至5年来的最低点，约300万吨，尽管中国国内玉米价格高企，但进口限制和高位库存抑制了进口需求。非洲2015/16年度的玉米进口量预计较上年增加50万吨，达到1800万吨，主要原因是津巴布韦和南非因减产而扩大进口。拉丁美洲和加勒比地区、墨西哥预计2015/16年度进口玉米1100万吨。

2015/16年度全球大麦贸易预计为2300万吨，较上年下降200万吨，减小6%。亚洲减少大麦进口140万吨，预计进口1920万吨，中国进口600万吨，比上年减少100万吨；沙特阿拉伯进口大麦预计为750万吨。

2015/16年度全球高粱贸易量预计为1100万吨。亚洲2015/16年度高粱进口将达到910万吨，与上年持平，中国高粱进口将达到760万吨，中国高粱进口增加与高粱不受关税配额管制有关。预计2015/16年度日本进口高粱130万吨。

粗粮出口方面，由于预计2015/16年度粗粮贸易量下降，除了美国和澳大利亚外，其他出口国贸易量都将较上年减少。由于预期美国玉米增产，美国2015/16年度粗粮出口将达到5300万吨。2015/16年度，欧盟粗粮出口量较上年减少130万吨，为840万吨。预计乌克兰2015/16年度粗粮出口量为2100万吨，较上年减少200万吨。预计巴西2015/16年度粗粮出口量为2000万吨，上年为2100万吨。

5. 粗粮价格

出口国和进口国高企的库存，以及乐观的生产预期，使国际玉米价格处于下行趋势。2014年年底时，中国允许进口M162转基因玉米及其副产品，使国际市场玉米价格得到了支撑。但由于后期玉米燃料乙醇生产需求不足以及中国进口步伐放缓，使国际市场玉米价格从2015年一开始便进一步下行，同期美元走强也加剧了玉米价格下跌。2015年基准美国2号黄玉米4月份价格平均每吨为172美元，较2014年同期报价低23%。

与玉米情况相反，从2014年9月开始至2015年3月，国际大麦和高粱价格涨幅较大，加拿大饲用大麦和美国高粱报价分别增长了50%和40%，主要原因是中国增加了对大麦和高粱的进口。

(三)稻米

2015年，由于气候适宜，FAO预计全球稻米增产。但同时因主要出口国价格低迷，加上政策不鼓励扩张种植，稻米产量增加有限。稻米增产主要动力来自亚洲，非洲稻米产量增长缓慢，澳大利亚和美国产量略有下降。由于远东国家需求减少，2015年稻米贸易将下降2%，在2016年会略有回升。FAO预测，2015/16年度，全球稻米产量可能满足不了消费需求，因此2016年度末，稻米库存将下降4.6%，为1.682亿吨。

表4 全球稻米供需概况

	2013/14	2014/15 估计值	2015/16 预测值	年度变化 2015/16较2014/15
	百万吨			%
全球情况				
生产	496.6	494.4	500.1	1.2
贸易	42.4	41.4	42.4	2.4
总消费	491.2	499.9	508.3	1.7
食用	409.1	414.9	420.3	1.3
期末库存	181.1	176.2	168.2	–4.6
供需指标				
人均食用消费：				
全球(公斤/年)	57.3	57.4	57.5	0.2
低收入缺粮国家(公斤/年)	64.2	64.3	64.3	0.0
全球库存消费比(%)	*36.2*	*34.7*	*32.4*	
主要出口国库存消耗比(%)	*26.8*	*23.2*	*19.2*	
FAO稻米价格指数	2013	2014	2015 1~4月	变化 2015年1~4月较2014年1~4月 %
	233	235	220	–6.3

1. 稻米生产

FAO预测，在2015年持续良好的天气情况下，全球稻米产量将达到5亿吨，较2014年增长1.2%。国际稻米价格持续低迷已经影响了稻农的种植积极性和主要出口国政府的支持政策。许多稻米进口国坚持自给自足的稻米生产策略。

2015年全球稻米产量增长主要来自亚洲。由于天气条件较2014年好转，2015年多数亚洲国家生产将出现回升。印度预计产量将达到1.055亿吨。印度尼西亚和菲律宾2015年度种植进展顺利，受市场价格走高和政策扶持的影响，也将出现增产。印尼预计将增产3.1%，产量将达到4600万吨的历史新高。FAO预测中国稻米产量将有小幅增长。虽然保护粮食生产的政策没有动摇，但中国政府开始关注粮食生产面临资源、环境制约和国家粮食库存等问题，因此决定2015年稻谷最低收购价维持上年水平，没有上调。过去7年以来，中国逐年上调粮食最低收购价。柬埔寨、朝鲜、尼泊尔和缅甸的稻米产量预计也将增长。泰国2015年稻米产量虽然预计比干旱的2014年有所上升，但由于政府担保计划终止后，稻米价格持续低迷，FAO预测2015年泰国稻米产量无法达到2010年至2013年的水平。日本、孟加拉国、韩国、巴基斯坦和越南稻米预计将出现减产。

FAO初步预测，2015年非洲稻米产量将增长0.8%，达到1850万吨，连续6年增长。东非和南非地区，尤其是马达加斯加和坦桑尼亚，天气条件总体向好，种植进展顺利。FAO预计，成本上升和行情低迷将影响埃及稻米种植。在西非各国，正常的天气和鼓励自给自足的政策也将推动稻米产量增加。在尼日利亚，受厄尔尼诺气候影响，预计稻米产量会因此下降2%。

在拉丁美洲和加勒比地区，南部国家2015年稻谷已开始收获。该地区总产量预计比2014年增长2.3%，达到1890万吨。阿根廷、乌拉圭受持续降雨和利润减少影响，预计产量下降；委内瑞拉也将出现减产。拉丁美洲和加勒比地区其余国家产量都将有所上升。

在美国，由于加州持续干旱、市场价格低迷，美国农业部在3月份预测稻米种植面积将减小，并导致产量下降1%。澳大利亚的稻谷已进入收获季，预计干旱将导致产量下降18%。FAO预测，在欧盟，尤其是意大利、希腊和葡萄牙，粳稻价格坚挺有望推动稻米产量增加2%，同样，价格因素也将提振俄罗斯稻米产量。

2. 稻米消费

FAO预计，全球2015/16年度稻米消费量约为5.083亿吨，较上年增长1.7%。消费增长的主要原因是食用消费不断增加，2015/16年度稻米食用消费将达到4.203亿吨，较上年增长1.3%。2015/16年度全球平均人均大米食用消费量将从2014/15年度的57.4公斤上升到57.5公斤。受中国和泰国饲料消费增加影响，全球稻米饲料消费2015/16年预计将增长6%，达到1560万吨。其他稻米消费，包括种子、非食品工业消费和产后浪费数量预计也将增加3%，达到7250万吨。

3. 稻米库存

根据FAO预测，由于2015/16年度全球稻米消费量将大于2015年产量，预计将造成2016年稻米库存下降。2016年度期末结转库存将减少810万吨，下降4.6%，为1.682亿吨。一些国家，如印度、泰国和中国试图减少稻米的国家库存量，也是造成库存下降的原因。FAO预测，2016年，发展中国家整体的稻米库存将下降4.8%，至1.63亿吨；发达国家库存将上升3%，至520万吨。2015/16年度全球库存消费比预计将从2014/15年度的34.7下降到32.4。

4. 稻米贸易

FAO预计，2015年全球稻米贸易量将减少100万吨，下降2.3%，为4140万吨。主要进口国需求疲软，远东地区进口量预计将下降11%，降至1110万吨。孟加拉国、菲律宾由于2014年稻米丰收、国内价格平稳，将大幅减少进口；

印尼2015年稻米增产也将减少进口。中国由于稻米国内外价差明显，其进口将增加。全球几大出口国，包括印度、阿根廷、澳大利亚、巴西和乌拉圭，预计2015年供应较为紧张，因而出口减少。泰国政府计划在两年内通过公开拍卖来消化庞大的国家稻米库存，这些库存大部分会进入国际市场。FAO预计2016年国际稻米贸易量将回升至2014年水平。印度、泰国、美国和越南的出口将增长，而巴基斯坦出口预计减少。中国、印尼、伊朗、伊拉克和菲律宾在内的亚洲国家，以及科特迪瓦、尼日利亚和南非等非洲国家对稻米需求的复苏将推动进口，预计欧盟稻米进口也将出现增长。

5. 稻米价格

尽管供应偏紧，受美国市场行情低迷的影响，2015年1到4月粳稻价格下降3%。4月份破损率高于20%的籼稻价格与1月份基本持平，优质籼稻价格下跌3%。随着伊朗市场重新开放，4月份香米价格走高。2015年1月到4月稻米价格指数同比下降6%。中国加大打击稻米走私力度，也对稻米价格产生了抑制作用。由于泰国政府自2014年12月起向市场投放了150万吨库存，泰国基准100% B白米4月报价为410美元/吨，比1月份下降4.4%。

（四）油脂油料

FAO预测，2014/15年度大豆产量将创历史新高，而油脂需求增长有限，预计库存将大幅上涨。油籽油料和油粕的价格将呈下行趋势。2015年4月份FAO油料价格指数较上年同期下降20%~30%，跌至近6年来的最低值。尽管价格走低，油脂油料的交易量增速将继续减缓。FAO初步估计，2015/16年度全球油料产量可能出现三年来首次下降。但考虑到目前结转库存量为历史最高位，减产未必导致供应紧张。

1. 油脂油料生产

预计2014/15年度全球油料产量将强劲反弹，为5.423亿吨，较上年增长5.7%。增产的主要原因是油料作物种植面积增加和单产提高。预计全球大豆产量将达到3.145亿吨，较上年增长10.9%。油菜籽产量预测达到7090万吨，较上年下降0.6%。

预测2014/15年度全球油脂产量较上年增长3.4%，达到2.096亿吨，增长主要原因是大豆大幅增产。葵花籽油产量预测将比上年下降4%。预计全球油脂供应量为2.443亿吨（包括2014/15年度产量和2012/13年度期末库存量），将较上年增长约4.1%。

2. 油脂油料消费

预计全球油脂2014/15年度消费量为2.039亿吨，较上年增长2.5%。油脂消费增长主要来自大豆，增长约7%；棕榈油消费增长幅度1.5%，是15年来最低值。油菜籽、葵花籽油消费较明显，而棕榈油消费不及以往。生物燃料制造领域需求不振使得全球油脂的消费量增速总体放缓。

预计2014/15年度全球粕消费量为1.312亿吨，较上年增加4.8%，主要因为价格下跌和部分国家的经济增长放缓。

表 5 全球油料供需概况

	2012/13	2013/14 估计值	2014.15 预测值	年度变化 2014/15 较 2013/14
	百万吨			%
总体油料				
生产	482.9	513.0	542.3	5.7
油脂				
生产	189.9	202.7	209.6	3.4
供给	222.2	234.7	244.3	4.1
消费	189.7	199.0	203.9	2.5
贸易	101.9	107.3	109.0	1.6
库存消费比	*16.9*	*17.5*	*18.9*	
主要出口国库存消耗比（%）	*9.6*	*9.8*	*12.0*	
饼粕				
生产	120.0	128.9	139.2	8.0
供给	137.6	146.9	160.6	9.3
消费	118.5	125.2	131.2	4.8
贸易	73.6	81.3	84.2	3.6
库存消费比（%）	*15.2*	*17.1*	*21.8*	
主要出口国库存消耗比（%）	*7.6*	*9.3*	*14.8*	
FAO 价格指数 (2002–2004=100)	2012/13	2013/14	2014/15 10~4 月	年度变化 10~4 月 2014/15 较 2013/14 %
油料	213	194	159	–22.4
饼粕	255	253	205	–22.7
油脂	193	189	158	–19.6

3. 油脂油料库存

FAO 预测，2014/15 年度全球油脂期末库存（包括油脂库存和油料库存中的油）将出现强劲增长，超过 3800 万吨。主要由于大豆库存的增加。主要出口国的油脂库存消费比和库存消耗比预计将分别达到 19% 和 12%。

2014/15 年度全球粕预计将达到 2860 万吨，比去年高出 1/3。主要出口国粕库存消费比和库存消耗比预计将分别达到 22% 和 15%。

4. 油脂油料贸易

FAO 预计，2014/15 年度全球油脂贸易量达到 1.09 亿吨（包括交易油料中所含的油），较上年增长 1.6%。油脂贸易增速放缓，原因是主要进口国的国内供应相对较为充足，加之美元的坚挺，抑制了进口需求的增长。

全球饼粕贸易量（包括交易油料中所含的油）预计在 2014/15 年度增长 3%～4%。预计大豆油粕贸易量大增将抵消其他油粕，尤其是菜籽油粕贸易量的减少。

5. 油脂油料价格

FAO预测，2015年全球油脂和油粕价格将分别同比下降24%和32%。全球谷物饲料供应充足影响了油粕的需求，对价格产生下行压力。全球石油价格突然暴跌削弱了植物油作为生物燃料原料的竞争力（尤其是棕榈油），加剧了植物油价格的下滑。南美大豆丰收在望，美国2015/16年大豆种植也将维持上一年度的较高水平，预示未来几个月全球油料产品价格上升空间有限。

四 粮食行业统计资料

1. 全国主要粮食及油料播种面积（1978~2014 年）
2. 全国主要粮食及油料产量 (1978~2014 年)
3. 全国主要粮食及油料单位面积产量 (1978~2014 年)
4. 各地区粮食播种面积（2013~2014 年）
5. 各地区粮食总产量（2013~2014 年）
6. 各地区粮食单位面积产量（2013~2014 年）
7. 2014 年各地区分品种粮食播种面积和产量
8. 人均主要农业产品产量（1978~2014 年）
9. 农产品生产者价格指数（2007~2014 年）
10. 居民消费价格指数（2007~2014 年）
11. 粮食成本收益变化情况表（1991~2014 年）
12. 国有粮食企业主要粮食品种收购量（1978~2014 年）
13. 国有粮食企业主要粮食品种销售量（1978~2014 年）
14. 全国粮油进口情况表（1992~2014 年）
15. 全国粮油出口情况表（1992~2014 年）

1. 全国主要粮食及油料播种面积（1978~2014 年）

单位：千公顷

年份	粮食					油料
		稻谷	小麦	玉米	大豆	
1978	120587	34421	29183	19961	7144	6222
1979	119263	33873	29357	20133	7247	7051
1980	117234	33878	28844	20087	7226	7928
1981	114958	33295	28307	19425	8024	9134
1982	113462	33071	27955	18543	8419	9343
1983	114047	33136	29050	18824	7567	8390
1984	112884	33178	29576	18537	7286	8678
1985	108845	32070	29218	17694	7718	11800
1986	110933	32266	29616	19124	8295	11415
1987	111268	32193	28798	20212	8445	11181
1988	110123	31987	28785	19692	8120	10619
1989	112205	32700	29841	20353	8057	10504
1990	113466	33064	30753	21401	7560	10900
1991	112314	32590	30948	21574	7041	11530
1992	110560	32090	30496	21044	7221	11489
1993	110509	30355	30235	20694	9454	11142
1994	109544	30171	28981	21152	9222	12081
1995	110060	30744	28860	22776	8127	13102
1996	112548	31406	29611	24498	7471	12555
1997	112912	31765	30057	23775	8346	12381
1998	113787	31214	29774	25239	8500	12919
1999	113161	31283	28855	25904	7962	13906
2000	108463	29962	26653	23056	9307	15400
2001	106080	28812	24664	24282	9482	14631
2002	103891	28202	23908	24634	8720	14766
2003	99410	26508	21997	24068	9313	14990
2004	101606	28379	21626	25446	9589	14431
2005	104278	28847	22793	26358	9591	14318
2006	104958	28938	23613	28463	9304	11738
2007	105638	28919	23721	29478	8754	11316
2008	106793	29241	23617	29864	9127	12825
2009	108986	29627	24291	31183	9190	13652
2010	109876	29873	24257	32500	8516	13890
2011	110573	30057	24270	33542	7889	13855
2012	111205	30137	24268	35029	7172	13930
2013	111956	30312	24117	36318	6791	14023
2014	112723	30310	24069	37123	6800	14043

数据来源：国家统计局统计资料。

2. 全国主要粮食及油料产量（1978~2014 年）

单位：万吨

年 份	粮食	稻谷	小麦	玉米	大豆	油料
1978	30476.5	13693.0	5384.0	5594.5	756.5	521.8
1979	33211.5	14375.0	6273.0	6003.5	746.0	643.5
1980	32055.5	13990.5	5520.5	6260.0	794.0	769.1
1981	32502.0	14395.5	5964.0	5920.5	932.5	1020.5
1982	35450.0	16159.5	6847.0	6056.0	903.0	1181.7
1983	38727.5	16886.5	8139.0	6820.5	976.0	1055.0
1984	40730.5	17825.5	8781.5	7341.0	969.5	1191.0
1985	37910.8	16856.9	8580.5	6382.6	1050.0	1578.4
1986	39151.2	17222.4	9004.0	7085.6	1161.4	1473.8
1987	40297.7	17426.2	8590.2	7924.1	1246.5	1527.8
1988	39408.1	16910.7	8543.2	7735.1	1164.5	1320.3
1989	40754.9	18013.0	9080.7	7892.8	1022.7	1295.2
1990	44624.3	18933.1	9822.9	9681.9	1100.0	1613.2
1991	43529.3	18381.3	9595.3	9877.3	971.3	1638.3
1992	44265.8	18622.2	10158.7	9538.3	1030.4	1641.2
1993	45648.8	17751.4	10639.0	10270.4	1530.7	1803.9
1994	44510.1	17593.3	9929.7	9927.5	1599.9	1989.6
1995	46661.8	18522.6	10220.7	11198.6	1350.2	2250.3
1996	50453.5	19510.3	11056.9	12747.1	1322.4	2210.6
1997	49417.1	20073.5	12328.9	10430.9	1473.2	2157.4
1998	51229.5	19871.3	10972.6	13295.4	1515.2	2313.9
1999	50838.6	19848.7	11388.0	12808.6	1424.5	2601.2
2000	46217.5	18790.8	9963.6	10600.0	1540.9	2954.8
2001	45263.7	17758.0	9387.3	11408.8	1540.6	2864.9
2002	45705.8	17453.9	9029.0	12130.8	1650.5	2897.2
2003	43069.5	16065.6	8648.8	11583.0	1539.3	2811.0
2004	46946.9	17908.8	9195.2	13028.7	1740.1	3065.9
2005	48402.2	18058.8	9744.5	13936.5	1634.8	3077.1
2006	49804.2	18171.8	10846.6	15160.3	1508.2	2640.3
2007	50160.3	18603.4	10929.8	15230.0	1272.5	2568.7
2008	52870.9	19189.6	11246.4	16591.4	1554.2	2952.8
2009	53082.1	19510.3	11511.5	16397.4	1498.2	3154.3
2010	54647.7	19576.1	11518.1	17724.5	1508.3	3230.1
2011	57120.8	20100.1	11740.1	19278.1	1448.5	3306.8
2012	58958.0	20423.6	12102.3	20561.4	1305.0	3436.8
2013	60193.8	20361.2	12192.6	21848.9	1195.1	3517.0
2014	60702.6	20650.7	12620.8	21564.6	1215.4	3507.4

数据来源：国家统计局统计资料。

3. 全国主要粮食及油料单位面积产量（1978~2014 年）

单位：公斤 / 公顷

年 份	粮食					油料
		稻谷	小麦	玉米	大豆	
1978	2527.3	3978.1	1844.9	2802.7	1059.0	838.6
1979	2784.7	4243.8	2136.8	2981.9	1029.4	912.7
1980	2734.3	4129.6	1913.9	3116.4	1098.8	970.0
1981	2827.3	4323.7	2106.9	3047.9	1162.2	1117.2
1982	3124.4	4886.3	2449.3	3265.9	1072.6	1264.8
1983	3395.7	5096.1	2801.7	3623.3	1289.8	1257.4
1984	3608.2	5372.6	2969.1	3960.3	1330.6	1372.5
1985	3483.0	5256.3	2936.7	3607.2	1360.5	1337.7
1986	3529.3	5337.6	3040.2	3705.1	1400.2	1291.1
1987	3621.7	5413.1	2982.9	3920.6	1476.0	1366.5
1988	3578.6	5286.7	2968.0	3928.1	1434.1	1243.3
1989	3632.2	5508.5	3043.0	3877.9	1269.3	1233.1
1990	3932.8	5726.1	3194.1	4523.9	1455.1	1479.9
1991	3875.7	5640.2	3100.5	4578.3	1379.5	1421.0
1992	4003.8	5803.1	3331.2	4532.7	1427.0	1428.4
1993	4130.8	5847.9	3518.8	4963.0	1619.1	1619.0
1994	4063.2	5831.1	3426.3	4693.4	1734.9	1646.9
1995	4239.7	6024.8	3541.5	4916.9	1661.4	1717.6
1996	4482.8	6212.4	3734.1	5203.3	1770.2	1760.7
1997	4376.6	6319.4	4101.9	4387.3	1765.1	1742.5
1998	4502.2	6366.2	3685.3	5267.8	1782.5	1791.0
1999	4492.6	6344.8	3946.6	4944.7	1789.2	1870.5
2000	4261.2	6271.6	3738.2	4597.5	1655.7	1918.7
2001	4266.9	6163.3	3806.1	4698.4	1624.8	1958.1
2002	4399.4	6189.0	3776.5	4924.5	1892.9	1962.0
2003	4332.5	6060.7	3931.8	4812.6	1652.9	1875.2
2004	4620.5	6310.6	4251.9	5120.2	1814.8	2124.6
2005	4641.6	6260.2	4275.3	5287.3	1704.5	2149.2
2006	4745.2	6279.6	4593.4	5326.3	1620.9	2249.3
2007	4748.3	6433.0	4607.7	5166.7	1453.7	2270.0
2008	4950.8	6562.5	4762.0	5555.7	1702.8	2302.3
2009	4870.6	6585.3	4739.0	5258.5	1630.2	2310.5
2010	4973.6	6553.0	4748.4	5453.7	1771.2	2325.6
2011	5165.9	6687.3	4837.2	5747.5	1836.3	2386.7
2012	5301.8	6776.9	4986.9	5869.7	1819.6	2467.2
2013	5376.6	6717.3	5055.6	6015.9	1759.9	2508.1
2014	5385.1	6813.2	5243.5	5808.9	1787.3	2497.7

数据来源：国家统计局统计资料。

4. 各地区粮食播种面积（2013~2014 年）

单位：千公顷

地 区	2013 年	2014 年	2014 年比 2013 年增加	
			绝对数	%
全国总计	111955.6	112722.6	767.0	0.7
东部地区	25016.6	25144.5	127.9	0.5
中部地区	32867.2	33168.0	300.7	0.9
西部地区	34491.0	34477.8	-13.2	0.0
东北地区	19580.7	19932.3	351.6	1.8
北 京	158.9	120.2	-38.7	-24.4
天 津	332.8	345.8	13.0	3.9
河 北	6315.9	6332.0	16.1	0.3
山 西	3274.3	3286.4	12.1	0.4
内蒙古	5617.3	5651.0	33.7	0.6
辽 宁	3226.4	3235.1	8.7	0.3
吉 林	4789.9	5000.7	210.8	4.4
黑龙江	11564.4	11696.4	132.1	1.1
上 海	168.5	164.9	-3.6	-2.2
江 苏	5360.8	5376.1	15.3	0.3
浙 江	1253.7	1266.8	13.1	1.0
安 徽	6625.3	6628.9	3.6	0.1
福 建	1202.1	1197.7	-4.3	-0.4
江 西	3690.9	3697.3	6.5	0.2
山 东	7294.6	7440.0	145.5	2.0
河 南	10081.8	10209.8	128.0	1.3
湖 北	4258.4	4370.4	112.0	2.6
湖 南	4936.6	4975.1	38.6	0.8
广 东	2507.6	2507.0	-0.6	0.0
广 西	3076.0	3067.7	-8.3	-0.3
海 南	421.8	394.0	-27.8	-6.6
重 庆	2253.9	2242.5	-11.4	-0.5
四 川	6469.9	6467.4	-2.5	0.0
贵 州	3118.4	3138.4	19.9	0.6
云 南	4499.4	4508.2	8.8	0.2
西 藏	175.9	176.4	0.5	0.3
陕 西	3105.1	3076.5	-28.6	-0.9
甘 肃	2858.7	2842.5	-16.2	-0.6
青 海	280.0	280.1	0.1	0.0
宁 夏	801.6	771.3	-30.3	-3.8
新 疆	2234.8	2255.9	21.0	0.9

数据来源：国家统计局统计资料。

5. 各地区粮食总产量（2013~2014 年）

单位：万吨

地　区	2013 年	2014 年	2014 年比 2013 年增加	
			绝对数	%
全国总计	60193.8	60702.6	508.8	0.8
东部地区	14606.3	14768.2	161.9	1.1
中部地区	17849.2	18247.8	398.6	2.2
西部地区	15987.6	16157.6	170.0	1.1
东北地区	11750.7	11528.9	-221.8	-1.9
北　京	96.1	63.9	-32.2	-33.5
天　津	174.7	176.0	1.2	0.7
河　北	3365.0	3360.2	-4.8	-0.1
山　西	1312.8	1330.8	18.0	1.4
内蒙古	2773.0	2753.0	-20.0	-0.7
辽　宁	2195.6	1753.9	-441.7	-20.1
吉　林	3551.0	3532.8	-18.2	-0.5
黑龙江	6004.1	6242.2	238.1	4.0
上　海	114.2	112.5	-1.6	-1.4
江　苏	3423.0	3490.6	67.6	2.0
浙　江	734.0	757.4	23.5	3.2
安　徽	3279.6	3415.8	136.2	4.2
福　建	664.4	667.0	2.7	0.4
江　西	2116.1	2143.5	27.4	1.3
山　东	4528.2	4596.6	68.4	1.5
河　南	5713.7	5772.3	58.6	1.0
湖　北	2501.3	2584.2	82.9	3.3
湖　南	2925.7	3001.3	75.5	2.6
广　东	1315.9	1357.3	41.4	3.1
广　西	1521.8	1534.4	12.6	0.8
海　南	190.9	186.6	-4.3	-2.3
重　庆	1148.1	1144.5	-3.6	-0.3
四　川	3387.1	3374.9	-12.2	-0.4
贵　州	1030.0	1138.5	108.5	10.5
云　南	1824.0	1860.7	36.7	2.0
西　藏	96.2	98.0	1.8	1.9
陕　西	1215.8	1197.8	-18.0	-1.5
甘　肃	1138.9	1158.7	19.8	1.7
青　海	102.4	104.8	2.4	2.4
宁　夏	373.4	377.9	4.5	1.2
新　疆	1377.0	1414.5	37.5	2.7

数据来源：国家统计局统计资料。

6. 各地区粮食单位面积产量（2013~2014 年）

单位：公斤 / 公顷

地 区	2013 年	2014 年	2014 年比 2013 年增加	
			绝对数	%
全国总计	5376.6	5385.1	8.5	0.2
东部地区	5838.6	5873.3	34.7	0.6
中部地区	5430.7	5501.6	70.9	1.3
西部地区	4635.3	4686.4	51.1	1.1
东北地区	6001.2	5784.1	-217.1	-3.6
北 京	6049.0	5320.4	-728.7	-12.0
天 津	5249.9	5087.9	-162.0	-3.1
河 北	5327.8	5306.6	-21.2	-0.4
山 西	4009.4	4049.4	40.0	1.0
内蒙古	4936.5	4871.7	-64.8	-1.3
辽 宁	6805.1	5421.4	-1383.7	-20.3
吉 林	7413.6	7064.7	-348.9	-4.7
黑龙江	5191.9	5336.8	145.0	2.8
上 海	6774.1	6826.4	52.3	0.8
江 苏	6385.3	6492.9	107.6	1.7
浙 江	5854.1	5978.8	124.8	2.1
安 徽	4950.1	5152.9	202.8	4.1
福 建	5526.9	5569.1	42.2	0.8
江 西	5733.4	5797.4	64.0	1.1
山 东	6207.6	6178.2	-29.4	-0.5
河 南	5667.3	5653.7	-13.7	-0.2
湖 北	5873.8	5913.0	39.2	0.7
湖 南	5926.7	6032.5	105.8	1.8
广 东	5247.6	5414.2	166.6	3.2
广 西	4947.3	5001.9	54.6	1.1
海 南	4525.8	4736.0	210.2	4.6
重 庆	5094.0	5103.8	9.8	0.2
四 川	5235.2	5218.3	-16.8	-0.3
贵 州	3302.9	3627.7	324.8	9.8
云 南	4053.9	4127.4	73.5	1.8
西 藏	5467.1	5553.9	86.7	1.6
陕 西	3915.5	3893.3	-22.2	-0.6
甘 肃	3984.0	4076.2	92.2	2.3
青 海	3656.5	3741.9	85.4	2.3
宁 夏	4658.2	4899.3	241.1	5.2
新 疆	6161.6	6270.2	108.6	1.8

数据来源：国家统计局统计资料。

7.2014 年各地区分品种粮食播种面积和产量（一）

单位：千公顷；万吨；公斤/公顷

地　区	一、谷　物			(一)稻　谷		
	播种面积	总 产 量	每公顷产量	播种面积	总 产 量	每公顷产量
全国总计	94603.5	55740.7	5892.0	30309.9	20650.7	6813.2
东部地区	22810.1	13830.6	6063.4	6428.1	4497.8	6997.1
中部地区	29522.5	17461.0	5914.5	12472.0	8312.4	6664.8
西部地区	25810.0	13688.0	5303.4	6895.1	4550.4	6599.4
东北地区	16460.9	10761.1	6537.4	4514.6	3290.2	7287.8
北　京	114.0	62.6	5489.7	0.2	0.1	6943.1
天　津	336.8	174.3	5176.5	16.4	12.1	7414.5
河　北	5912.2	3224.9	5454.7	84.8	54.2	6382.6
山　西	2772.9	1260.3	4545.1	0.9	0.6	6888.9
内蒙古	4455.5	2493.1	5595.5	78.1	52.4	6704.3
辽　宁	3032.4	1674.8	5523.0	562.1	451.5	8032.4
吉　林	4595.0	3420.8	7444.6	747.1	587.6	7865.7
黑龙江	8833.4	5665.5	6413.7	3205.5	2251.0	7022.5
上　海	158.5	110.5	6972.5	98.4	84.1	8544.3
江　苏	5014.7	3386.3	6752.8	2271.7	1912.0	8416.6
浙　江	1008.1	664.2	6588.5	824.2	590.1	7159.7
安　徽	5543.3	3260.2	5881.4	2217.3	1394.6	6289.3
福　建	861.0	519.7	6036.8	804.5	497.1	6178.6
江　西	3389.6	2041.5	6022.9	3339.5	2025.2	6064.3
山　东	7014.4	4361.5	6217.9	122.4	101.0	8252.5
河　南	9408.5	5604.6	5957.0	649.7	528.6	8136.4
湖　北	3887.9	2454.5	6313.2	2144.0	1729.5	8066.7
湖　南	4520.3	2839.8	6282.3	4120.7	2634.0	6392.1
广　东	2078.1	1171.0	5635.0	1893.3	1091.6	5765.9
广　西	2631.2	1435.7	5456.5	2026.2	1166.1	5755.1
海　南	312.3	155.5	4978.7	312.2	155.4	4979.3
重　庆	1276.9	796.8	6240.5	689.7	503.19	7296.0
四　川	4720.4	2784.2	5898.2	1991.8	1526.5	7663.9
贵　州	1869.7	816.0	4364.3	682.0	403.2	5913.0
云　南	3274.4	1534.9	4687.6	1144.7	666.1	5819.0
西　藏	169.7	95.2	5611.7	1.0	0.5	4747.5
陕　西	2554.8	1079.8	4226.7	123.4	90.9	7362.7
甘　肃	1983.9	887.6	4474.0	5.1	3.5	6887.2
青　海	160.2	63.2	3944.6	0.0	0.0	0.0
宁　夏	565.6	332.4	5876.1	78.1	61.8	7923.1
新　疆	2147.8	1369.1	6374.5	75.1	76.2	10147.9

数据来源：国家统计局统计资料。

7.2014 年各地区分品种粮食播种面积和产量（二）

单位：千公顷；万吨；公斤 / 公顷

地 区	（二）小 麦			其中：冬小麦		
	播种面积	总 产 量	每公顷产量	播种面积	总 产 量	每公顷产量
全国总计	24069.4	12620.8	5243.5	22563.6	12008.0	5321.8
东部地区	8506.4	4975.5	5849.2	8488.8	4967.4	5851.7
中部地区	9632.0	5416.2	5623.1	9631.6	5416.0	5623.1
西部地区	5779.2	2179.6	3771.5	4443.2	1624.7	3656.5
东北地区	151.8	49.5	3262.8	0.0	0.0	0.0
北 京	23.6	12.2	5176.7	23.6	12.2	5177.7
天 津	110.7	58.6	5297.3	99.1	53.4	5386.6
河 北	2342.7	1429.9	6103.5	2336.7	1427.0	6106.9
山 西	673.9	259.1	3845.1	673.5	258.9	3844.5
内蒙古	563.5	153.9	2731.2	0.0	0.0	0.0
辽 宁	5.8	2.8	4827.6	0.0	0.0	0.0
吉 林	0.4	0.1	4005.0	0.0	0.0	0.0
黑龙江	145.7	46.6	3198.6	0.0	0.0	0.0
上 海	43.9	18.6	4244.3	43.9	18.6	4244.3
江 苏	2159.9	1160.4	5372.4	2159.9	1160.4	5372.4
浙 江	82.1	31.0	3768.9	82.1	31.0	3768.9
安 徽	2434.5	1393.6	5724.2	2434.5	1393.6	5724.2
福 建	2.3	0.7	2930.6	2.3	0.7	2930.6
江 西	12.0	2.6	2133.3	12.0	2.6	2133.3
山 东	3740.2	2263.8	6052.7	3740.2	2263.8	6052.7
河 南	5406.7	3329.0	6157.2	5406.7	3329.0	6157.2
湖 北	1074.3	421.6	3924.3	1074.3	421.6	3924.3
湖 南	30.6	10.3	3375.8	30.6	10.3	3375.8
广 东	0.9	0.3	3225.8	0.9	0.3	3225.8
广 西	1.4	0.2	1398.6	1.4	0.2	1398.6
海 南	0.0	0.0	0.0	0.0	0.0	0.0
重 庆	87.0	27.0	3099.1	87.0	27.0	3099.1
四 川	1170.7	423.2	3614.9	1170.7	423.2	3614.9
贵 州	251.5	61.5	2445.3	251.5	61.5	2445.3
云 南	434.4	83.6	1924.5	434.4	83.6	1924.5
西 藏	36.9	23.7	6427.4	27.5	18.6	6747.8
陕 西	1082.9	417.2	3853.1	1082.9	417.2	3853.1
甘 肃	792.5	271.6	3427.1	576.6	167.3	2901.5
青 海	88.6	34.9	3935.4	0.0	0.0	0.0
宁 夏	127.5	40.6	3181.1	67.7	11.6	1717.9
新 疆	1142.4	642.3	5622.4	743.5	414.5	5574.3

数据来源：国家统计局统计资料。

7.2014 年各地区分品种粮食播种面积和产量（三）

单位：千公顷；万吨；公斤 / 公顷

地 区	（三）玉 米			（四）谷 子		
	播种面积	总 产 量	每公顷产量	播种面积	总 产 量	每公顷产量
全国总计	37123.4	21564.6	5808.9	771.8	180.9	2344.2
东部地区	7322.1	4179.3	5707.9	168.5	54.3	3224.6
中部地区	6830.7	3630.2	5314.5	252.6	43.5	1721.5
西部地区	11503.8	6507.7	5657.0	247.8	48.4	1954.9
东北地区	11466.9	7247.4	6320.3	102.9	34.7	3368.8
北 京	88.6	50.0	5646.5	1.3	0.2	1335.4
天 津	202.8	101.4	5000.0	0.5	0.2	3838.4
河 北	3170.9	1670.7	5268.9	147.2	47.8	3249.7
山 西	1676.5	938.1	5595.5	216.3	38.9	1800.0
内蒙古	3372.2	2186.1	6482.7	167.0	33.9	2029.3
辽 宁	2330.1	1170.5	5023.5	61.9	17.4	2809.5
吉 林	3696.6	2733.5	7394.6	34.1	14.6	4296.3
黑龙江	5440.2	3343.4	6145.8	6.9	2.6	3807.2
上 海	4.0	2.6	6632.9	0.0	0.0	0.0
江 苏	436.1	239.0	5479.7	0.1	0.0	1428.6
浙 江	66.5	30.1	4523.5	0.0	0.0	0.0
安 徽	852.4	465.5	5461.1	0.0	0.0	4444.4
福 建	49.5	20.3	4103.2	0.1	0.0	3209.4
江 西	29.9	12.3	4101.1	0.6	0.2	2833.3
山 东	3126.5	1988.3	6359.7	18.8	6.0	3175.5
河 南	3283.9	1732.1	5274.4	35.7	4.4	1222.0
湖 北	642.4	293.7	4571.3	0.0	0.0	3333.3
湖 南	345.7	188.6	5456.4	0.0	0.0	0.0
广 东	177.2	76.9	4338.0	0.4	0.1	2500.0
广 西	584.0	266.4	4561.6	1.9	0.5	2419.4
海 南	0.0	0.0	0.0	0.0	0.0	0.0
重 庆	467.9	256.0	5471.0	0.0	0.0	0.0
四 川	1381.2	751.9	5443.8	0.0	0.0	0.0
贵 州	787.5	313.8	3985.0	1.6	0.3	1750.0
云 南	1525.7	743.3	4871.9	0.3	0.1	3333.3
西 藏	4.2	2.4	5745.2	0.0	0.0	0.0
陕 西	1153.7	539.6	4676.7	58.1	10.3	1773.7
甘 肃	1000.9	564.5	5639.7	11.6	2.4	2048.4
青 海	27.0	18.7	6907.4	0.0	0.0	0.0
宁 夏	288.8	224.1	7760.3	7.3	1.0	1422.7
新 疆	910.8	641.1	7038.8	0.0	0.0	0.0

数据来源：国家统计局统计资料。

7.2014 年各地区分品种粮食播种面积和产量（四）

单位：千公顷；万吨；公斤 / 公顷

地 区	（五）高 梁			（六）大 豆		
	播种面积	总 产 量	每公顷产量	播种面积	总 产 量	每公顷产量
全国总计	619.2	288.5	4659.2	6799.9	1215.4	1787.3
东部地区	25.7	8.6	3350.9	708.9	169.1	2385.5
中部地区	50.4	12.1	2389.9	1738.9	259.0	1489.4
西部地区	338.0	133.8	3958.2	1455.4	267.2	1836.1
东北地区	205.1	134.0	6536.6	2896.7	520.1	1795.3
北 京	0.2	0.0	1511.0	4.1	0.6	1457.6
天 津	6.4	2.0	3094.2	7.9	1.0	1306.0
河 北	12.8	4.3	3367.1	122.3	25.0	2045.0
山 西	30.4	7.5	2474.5	191.8	20.7	1079.8
内蒙古	104.3	42.8	4100.8	503.7	81.9	1626.1
辽 宁	55.6	28.0	5027.0	106.4	22.3	2095.9
吉 林	115.9	84.8	7320.0	213.6	37.4	1748.9
黑龙江	33.6	21.3	6332.0	2576.7	460.4	1786.8
上 海	0.0	0.0	0.0	0.0	0.0	0.0
江 苏	0.4	0.3	6944.4	203.4	47.3	2327.8
浙 江	0.0	0.0	0.0	89.4	24.2	2706.9
安 徽	0.5	0.1	2600.0	851.6	115.0	1350.4
福 建	1.2	0.5	3901.5	66.5	17.2	2585.6
江 西	5.2	0.7	1390.0	101.4	23.5	2314.3
山 东	4.7	1.6	3319.2	149.5	36.7	2456.7
河 南	5.9	0.6	994.9	399.7	54.6	1365.8
湖 北	1.7	0.7	4093.6	98.9	23.9	2419.6
湖 南	6.8	2.4	3529.4	95.6	21.3	2229.0
广 东	0.0	0.0	5000.0	62.6	16.3	2597.8
广 西	3.4	1.0	2961.9	99.6	13.7	1370.8
海 南	0.0	0.0	2684.8	3.2	0.7	2306.7
重 庆	25.2	9.3	3703.0	103.4	20.4	1970.0
四 川	76.7	40.9	5332.5	224.8	51.9	2308.7
贵 州	88.3	24.1	2732.8	130.6	11.8	901.9
云 南	3.0	0.9	3000.0	124.1	33.9	2731.7
西 藏	0.0	0.0	0.0	0.1	0.0	3636.4
陕 西	15.1	5.0	3317.9	112.5	18.1	1610.5
甘 肃	11.6	5.0	4333.9	88.2	16.9	1917.5
青 海	0.0	0.0	0.0	0.0	0.0	0.0
宁 夏	0.9	0.1	531.9	10.5	1.3	1244.0
新 疆	9.5	4.7	4920.8	57.9	17.3	2995.3

数据来源：国家统计局统计资料。

8. 人均主要农业产品产量（1978~2014 年）

单位：公斤

年　份	粮食	棉花	油料	糖料	水果	水产品
1978	318.7	2.3	5.5	24.9	6.9	4.9
1980	326.7	2.8	7.8	29.7	6.9	4.6
1985	360.7	3.9	15.0	57.5	11.1	6.7
1990	393.1	4.0	14.2	63.6	16.5	10.9
1995	387.3	4.0	18.7	65.9	35.0	20.9
1996	414.4	3.5	18.2	68.7	38.2	27.0
1997	401.7	3.7	17.5	76.3	41.4	25.4
1998	412.5	3.6	18.6	78.8	43.9	27.2
1999	405.8	3.1	20.8	66.5	49.8	28.5
2000	366.0	3.5	23.4	60.5	49.3	29.4
2001	355.9	4.2	22.5	68.1	52.3	29.8
2002	357.0	3.8	22.6	80.4	54.3	30.9
2003	334.3	3.8	21.8	74.8	112.7	31.6
2004	362.2	4.9	23.7	73.8	118.4	32.8
2005	371.3	4.4	23.6	72.5	123.6	33.9
2006	379.9	5.7	20.1	76.4	130.4	35.0
2007	380.6	5.8	19.5	92.5	137.6	36.0
2008	399.1	5.7	22.3	101.3	145.1	37.0
2009	398.7	4.8	23.7	92.2	153.2	38.4
2010	408.7	4.5	24.2	89.8	160.0	40.2
2011	425.2	4.9	24.6	93.2	169.5	41.7
2012	436.0	5.1	25.4	99.8	178.1	43.7
2013	443.5	4.6	25.9	101.3	184.9	45.5
2014	444.9	4.5	25.7	97.9	191.6	47.4

数据来源：国家统计局统计资料。

9. 农产品生产者价格指数（2007~2014 年）

（上年＝100）

指 标	2007 年	2008 年	2009 年	2010 年	2011 年	2012 年	2013 年	2014 年
农产品生产者价格指数	118.5	114.1	97.6	110.9	116.5	102.7	103.2	99.8
农业产品	109.8	108.4	102.9	116.6	107.8	104.8	104.3	101.8
谷物	109.0	107.1	104.9	112.8	109.7	104.8	103.1	102.7
小麦	105.5	108.7	107.9	107.9	105.2	102.9	106.7	105.1
稻谷	105.4	106.6	105.2	112.8	113.3	104.1	102.2	102.2
玉米	115.0	107.3	98.5	116.1	109.9	106.6	100.2	101.7
大豆	124.2	119.7	92.3	107.9	106.3	105.7	105.7	101.8
油料	133.4	128.0	94.2	112.1	112.1	105.2	102.4	99.9
棉花	109.6	90.6	111.8	157.7	79.5	98.1	103.9	87.1
糖料	100.0	98.4	101.5	106.0	125.5	105.0	98.9	99.7
蔬菜	106.9	104.7	111.8	116.8	103.4	109.9	106.9	98.5
水果	101.3	101.4	107.0	118.9	106.2	103.9	106.2	106.4
林业产品	104.4	108.5	94.9	122.8	114.9	101.2	99.1	99.4
畜牧产品	131.4	123.9	90.1	103.0	126.2	99.7	102.4	97.1
猪（毛重）	145.9	130.8	81.6	98.3	137.0	95.9	99.3	92.2
牛（毛重）	117.5	123.6	101.0	104.7	108.1	116.8	113.1	104.4
羊（毛重）	121.0	118.8	101.1	108.7	115.7	107.8	109.1	100.8
家禽（毛重）	117.0	111.9	102.2	107.0	112.0	103.8	103.2	104.4
蛋类	115.9	112.2	102.8	107.5	112.6	100.5	105.8	105.7
奶类	106.2	125.5	91.6	115.3	108.1	103.9	111.0	107.9
渔业产品	108.1	111.2	99.0	107.6	110.0	106.2	104.3	103.1
海水养殖产品					111.5	101.0	100.7	101.9
海水捕捞产品					111.2	110.9	107.7	103.1
淡水养殖产品					109.5	106.8	104.7	103.8
淡水捕捞产品					103.7	107.2	103.5	101.5

数据来源：国家统计局统计资料。

10. 居民消费价格指数（2007~2014 年）

（上年＝100）

项 目	2007 年	2008 年	2009 年	2010 年	2011 年	2012 年	2013 年	2014 年
居民消费价格指数	104.8	105.9	99.3	103.3	105.4	102.6	102.6	102.0
食品	112.3	114.3	100.7	107.2	111.8	104.8	104.7	103.1
# 粮食	106.3	107.0	105.6	111.8	112.2	104.0	104.6	103.1
油脂	126.7	125.4	81.7	103.8	113.4	105.1	100.3	95.1
肉禽及其制品	131.7	121.7	91.3	102.9	122.6	102.1	104.3	100.4
蛋	121.8	104.3	101.6	108.3	114.2	97.1	104.9	110.4
水产品	105.1	114.2	102.5	108.1	112.1	108.0	104.2	104.4
菜	107.9	111.0	113.6	118.5	101.1	113.7	108.0	99.2
糖	101.6	104.0	102.5	108.3	111.2	104.2	100.5	100.1
茶及饮料	101.5	103.7	101.8	101.3	104.0	104.2	102.0	101.8
干鲜瓜果	102.2	110.8	107.1	114.6	115.9	100.1	105.9	114.1
液体乳及乳制品	102.7	117.0	101.5	102.8	105.1	103.2	105.7	108.5
烟酒及用品	101.7	102.9	101.5	101.6	102.8	102.9	100.3	99.4
# 烟草	100.8	100.4	100.4	100.5	100.3	100.5	100.4	100.2
酒	103.5	107.5	103.4	103.6	106.7	106.3	100.3	98.2
衣着	99.4	98.5	98.0	99.0	102.1	103.1	102.3	102.4
# 服装	99.4	98.3	97.8	99.1	102.4	103.3	102.4	102.6
鞋袜帽	99.0	98.2	97.8	98.2	100.7	102.3	101.6	101.9
家庭设备用品及维修服务	101.9	102.8	100.2	100.0	102.4	101.9	101.5	101.2
# 耐用消费品	101.6	101.2	98.1	98.5	100.4	100.4	100.3	100.3
室内装饰品	100.3	100.2	99.7	99.9	101.0	100.8	100.4	100.0
家庭服务及加工维修服务	107.2	109.0	105.2	106.7	111.4	109.7	108.7	107.3
医疗保健和个人用品	102.1	102.9	101.2	103.2	103.4	102.0	101.3	101.3
医疗保健	102.1	102.2	101.4	103.3	102.9	101.7	101.5	101.7
个人用品及服务	102.1	104.4	100.8	103.0	104.4	102.6	101.0	100.4
交通和通信	99.1	99.1	97.6	99.6	100.5	99.9	99.6	99.9
交通	100.8	102.2	98.6	101.7	102.6	101.2	100.2	100.2
通信	97.1	95.6	96.3	97.3	97.5	98.0	98.8	99.4
娱乐教育文化用品及服务	99.0	99.3	99.3	100.6	100.4	100.5	101.8	101.9
文娱用耐用消费品及服务	93.1	92.3	90.6	94.3	93.7	94.5	96.3	97.3
教育	99.6	100.5	101.6	101.4	101.3	101.7	102.7	102.4
文化娱乐	101.0	101.3	102.5	101.0	101.1	101.3	101.4	101.3
旅游	102.3	101.1	97.5	104.9	103.8	101.7	104.0	105.0
居住	104.5	105.5	96.4	104.5	105.3	102.1	102.8	102.0
建房及装修材料	105.1	107.1	100.2	103.3	104.7	101.0	101.2	101.0
住房租金	104.2	103.5	101.6	104.9	105.3	102.7	104.1	103.3
自有住房	107.0	102.8	85.3	103.6	106.5	102.3	103.8	103.0
水电燃料	103.0	106.4	97.9	105.5	103.5	102.4	101.6	100.7

数据来源：国家统计局统计资料。

11. 粮食成本收益变化情况表（1991~2014 年）

单位：元

年 份	每 50 公斤平均出售价格				每亩总成本				每亩净利润			
	粮食平均	稻谷	小麦	玉米	粮食平均	稻谷	小麦	玉米	粮食平均	稻谷	小麦	玉米
1991	26.1	28.5	30.0	21.1	153.9	188.4	138.4	135.3	34.3	62.4	6.3	34.0
1992	28.4	29.3	33.1	24.3	163.8	192.3	149.3	150.6	44.0	67.7	21.2	42.3
1993	35.8	40.4	36.5	30.2	178.6	211.2	169.8	155.2	92.3	145.1	35.6	95.8
1994	59.4	71.2	56.5	48.2	239.4	298.1	213.2	206.7	190.7	316.7	82.3	173.3
1995	75.1	82.1	75.4	67.0	321.8	391.4	281.7	292.2	223.9	311.1	130.5	230.1
1996	72.3	80.6	81.0	57.2	388.7	458.3	359.5	351.2	155.7	247.5	92.9	123.8
1997	65.1	69.4	70.1	55.8	386.1	450.2	349.5	358.4	105.4	171.8	74.8	69.8
1998	62.1	66.9	66.6	53.8	383.9	437.4	357.5	356.6	79.3	155.9	-6.2	88.2
1999	53.0	56.6	60.4	43.7	370.7	425.2	351.5	337.2	25.6	75.8	-12.1	11.2
2000	48.4	51.7	52.9	42.8	356.2	401.7	352.5	330.6	-3.2	50.1	-28.8	-6.9
2001	51.5	53.7	52.5	48.3	350.6	400.5	323.6	327.9	39.4	81.4	-27.5	64.3
2002	49.2	51.4	51.3	45.6	370.4	415.8	342.7	351.6	4.9	37.6	-52.7	30.8
2003	56.5	60.1	56.4	52.7	368.3	419.1	339.6	347.6	42.9	94.9	-30.3	62.8
2004	70.7	79.8	74.5	58.1	395.5	454.6	355.9	375.7	196.5	285.1	169.6	134.9
2005	67.4	77.7	69.0	55.5	425.0	493.3	389.6	392.3	122.6	192.7	79.4	95.5
2006	72.0	80.6	71.6	63.4	444.9	518.2	404.8	411.8	155.0	202.4	117.7	144.8
2007	78.8	85.2	75.6	74.8	481.1	555.2	438.6	449.7	185.2	229.1	125.3	200.8
2008	83.5	95.1	82.8	72.5	562.4	665.1	498.6	523.5	186.4	235.6	164.5	159.2
2009	91.3	99.1	92.4	82.0	630.3	716.7	592.0	582.3	162.4	217.6	125.5	144.2
2010	103.8	118.0	99.0	93.6	672.7	766.6	618.6	632.6	227.2	309.8	132.2	239.7
2011	115.4	134.5	104.0	106.1	791.2	897.0	712.3	764.2	250.8	371.3	117.9	263.1
2012	119.9	138.1	108.3	111.1	936.4	1055.1	830.4	924.2	168.4	285.7	21.3	197.7
2013	121.1	136.5	117.8	108.8	1026.2	1151.1	914.7	1012.0	72.9	154.8	-12.8	77.5
2014	124.4	140.6	120.6	111.9	1068.6	1176.6	965.1	1063.9	124.8	204.8	87.8	81.8

数据来源：国家发展改革委统计资料。

12. 国有粮食企业主要粮食品种收购量（1978~2014 年）

单位：贸易粮，万吨

年 份	合计	小麦	大米	玉米	大豆	其他
1978	5110.2	1176.8	1995.7	1046.7	216.0	675.0
1979	5925.0	1562.6	2201.0	1281.0	205.0	675.6
1980	5882.1	1396.1	2214.5	1357.8	296.5	617.3
1981	6255.5	1418.3	2421.1	1408.0	412.6	595.6
1982	7367.5	1933.6	2900.3	1427.4	401.7	704.5
1983	9879.6	2763.3	3312.4	2337.8	409.8	1056.3
1984	11165.9	3427.0	3858.1	2588.1	382.4	910.4
1985	7925.5	2666.1	3012.9	1374.2	503.3	369.0
1986	9453.2	2842.0	3258.7	2183.1	653.7	515.7
1987	9920.1	2816.2	3143.7	2848.6	609.7	501.9
1988	9430.4	2673.9	3185.9	2414.7	693.5	462.4
1989	10040.2	2855.5	3622.9	2587.7	620.0	354.1
1990	12364.5	3646.6	4316.0	3372.8	661.2	367.9
1991	11423.0	3392.5	3810.0	3338.4	582.2	300.0
1992	10414.4	3841.4	3272.6	2621.7	406.1	272.6
1993	9234.0	3373.1	2505.0	2470.0	606.2	279.7
1994	9226.4	3230.4	2697.6	2185.0	732.2	381.2
1995	9443.8	3125.0	3061.4	2435.6	522.5	299.3
1996	11919.8	3614.8	3382.2	4224.7	437.8	260.4
1997	11535.4	4600.2	3510.6	2692.2	515.2	217.3
1998	9654.5	2795.6	2562.0	3867.4	351.0	78.5
1999	12807.7	3863.3	3186.1	5425.1	246.6	86.6
2000	11695.1	4018.2	3327.3	4019.2	237.9	92.5
2001	11784.2	4437.9	2798.8	4128.2	326.8	92.5
2002	10826.3	4201.3	2189.6	4182.0	140.4	113.0
2003	9717.1	3682.0	2109.8	3702.5	120.3	102.5
2004	8919.5	3448.1	2138.1	3158.1	91.0	84.2
2005	11493.8	3745.2	2572.3	4529.9	506.0	140.4
2006	12256.5	6040.0	2153.5	3424.7	492.2	146.2
2007	10167.4	4733.2	1985.1	3008.3	321.5	119.5
2008	15470.8	6712.7	3604.9	4754.2	313.4	85.6
2009	15223.0	6834.0	2637.5	4988.5	653.0	110.2
2010	12406.0	6177.7	2136.0	3333.7	648.8	109.9
2011	11442.7	4650.4	2799.3	3428.1	465.7	99.2
2012	12363.5	4871.4	2574.4	4260.9	563.9	92.9
2013	16887.4	4023.8	3979.4	8472.7	317.2	94.3
2014	18985.2	5779.1	3826.0	8995.5	317.1	67.6

注：1978~2002 年粮食购销存数字按粮食年度统计，粮食年度是指当年 4 月 1 日至翌年 3 月 31 日。从 2003 年开始，粮食统计年度改为日历年度。年度数字均为国有粮食企业收购量。
数据来源：国家粮食局统计资料。

13. 国有粮食企业主要粮食品种销售量（1978~2014 年）

单位：贸易粮，万吨

年　份	合计	小麦	大米	玉米	大豆	其他
1978	5343.5	1869.5	1773.9	876.1	162.5	661.5
1979	5679.1	1940.3	1826.0	1067.9	179.8	665.1
1980	6416.8	2256.8	2014.3	1301.5	204.4	639.9
1981	7223.3	2563.5	2122.9	1622.3	239.0	675.6
1982	7710.4	2858.1	2289.5	1596.7	271.8	694.4
1983	8003.2	3005.9	2497.7	1458.5	288.8	752.4
1984	10417.9	3699.7	3438.5	1932.0	355.3	992.5
1985	8564.9	3078.5	3006.3	1328.1	322.9	829.1
1986	9347.7	3618.1	3243.9	1357.0	321.3	807.4
1987	9190.8	3643.3	3080.0	1423.8	355.5	688.2
1988	10091.0	3885.2	3038.0	1898.6	406.7	862.5
1989	8931.1	3521.8	2566.2	1846.1	346.5	650.5
1990	9033.3	3574.9	2770.5	1723.1	341.7	623.1
1991	10433.0	4085.0	3267.4	1046.3	1402.6	631.7
1992	9000.0	3247.0	3044.4	1637.3	256.8	814.5
1993	6700.3	2848.5	2128.5	1088.2	229.9	405.2
1994	7648.4	3328.2	2609.4	1121.3	234.0	355.5
1995	9264.2	3707.6	2896.8	1570.0	620.3	469.5
1996	7340.6	3090.3	2259.5	1346.7	356.8	287.3
1997	6830.7	2439.3	2042.9	1632.3	429.4	286.7
1998	6116.0	2137.1	1795.5	1648.5	348.6	186.3
1999	9353.3	3137.1	2420.9	3197.6	439.4	158.2
2000	12556.9	3961.9	3029.8	4718.5	645.5	201.2
2001	8528.7	3225.6	2155.6	2574.9	439.2	133.4
2002	12070.0	4733.0	3155.5	3551.5	510.5	119.5
2003	13453.7	5500.3	3559.1	3800.9	422.2	171.3
2004	11944.0	4640.6	3246.2	3574.5	309.3	173.4
2005	12138.3	4276.9	2556.8	4348.8	841.7	114.2
2006	12034.2	4246.1	2671.4	4133.2	847.6	135.9
2007	12958.3	5104.0	2896.0	3890.4	892.8	175.2
2008	15324.9	7352.9	3120.0	3985.4	755.9	110.7
2009	16693.2	7094.2	3054.1	5261.4	1145.8	137.8
2010	18911.2	7569.0	3047.6	6454.8	1662.9	176.9
2011	18922.5	7342.2	3609.5	5839.1	1992.2	139.6
2012	16829.4	6930.0	2970.8	4548.0	2188.1	192.6
2013	19442.4	7623.6	3064.0	6179.7	2418.0	157.2
2014	21133.2	6125.0	3859.4	8226.3	2618.1	304.5

注：1978~2002 年粮食购销存数字按粮食年度统计，粮食年度是指当年 4 月 1 日至翌年 3 月 31 日。从 2003 年开始，粮食统计年度改为日历年度。年度数字均为国有粮食企业销售量。
数据来源：国家粮食局统计资料。

14. 全国粮油进口情况表（1992~2014 年）

单位：万吨

年份	粮食	谷物	小麦	大米	玉米	大麦	大豆	食用植物油	豆油	菜籽油	棕榈油	花生油
1992	1182.1	1152.0	1058.1	10.4	0.0	0.0	0.0	37.6	18.3	18.9	0.0	0.5
1993	16.3	0.7	0.6	0.0	0.0	0.0	0.0	23.6	7.6	15.0	0.0	0.8
1994	925.1	913.4	729.9	51.4	0.1	0.0	0.0	160.8	106.3	52.9	0.0	1.4
1995	2082.5	2035.7	1158.6	164.2	518.1	0.0	0.0	213.5	148.2	63.1	0.0	1.4
1996	1105.6	1078.1	824.6	76.1	44.1	0.0	0.0	162.7	129.5	31.6	0.0	0.5
1997	738.4	410.4	186.1	32.6	0.0	187.4	287.6	159.1	122.5	35.1	0.0	1.1
1998	742.0	382.4	148.9	24.4	25.1	151.9	319.2	112.7	83.2	28.5	0.0	0.9
1999	808.8	333.8	44.8	16.8	7.0	226.9	431.9	88.7	80.4	6.9	0.0	1.0
2000	1390.7	312.4	91.0	23.9	0.3	196.1	1041.9	41.4	30.6	7.5	1.5	1.0
2001	1950.4	344.3	73.9	26.9	3.9	236.8	1393.9	149.2	7.0	4.9	136.0	0.9
2002	1605.1	284.9	63.2	23.6	0.8	190.7	1131.4	266.3	87.0	7.8	169.5	0.4
2003	2525.8	208.0	44.7	25.7	0.1	136.3	2074.1	441.2	188.4	15.2	232.8	0.7
2004	3351.5	974.5	725.8	75.6	0.2	170.7	2023.0	529.1	251.6	35.3	239.0	0.0
2005	3647.0	627.1	353.9	51.4	0.4	217.9	2659.0	471.9	169.4	17.8	283.8	0.0
2006	3713.8	358.2	61.3	71.9	6.5	213.1	2823.7	581.3	154.3	4.4	418.7	0.0
2007	3731.0	155.5	10.1	48.8	3.5	91.3	3081.7	767.5	282.3	37.5	438.7	1.1
2008	4130.6	154.0	4.3	33.0	5.0	107.6	3743.6	752.8	258.6	27.0	464.7	0.6
2009	5223.1	315.0	90.4	35.7	8.4	173.8	4255.1	816.2	239.1	46.8	511.4	2.1
2010	6695.4	570.7	123.1	38.8	157.3	236.7	5479.8	687.2	134.1	98.5	431.4	6.8
2011	6390.0	544.6	125.8	59.8	175.4	177.6	5263.7	656.8	114.3	55.1	470.1	6.1
2012	8024.6	1398.2	370.1	236.9	520.8	252.8	5838.4	845.1	182.6	117.6	523.0	6.3
2013	8645.2	1458.1	553.5	227.1	326.6	233.5	6337.5	809.8	115.8	152.7	487.4	6.1
2014	10042.4	1951.0	300.4	257.9	259.9	541.3	7139.9	650.2	113.5	81.0	396.9	9.4

数据来源：国家发展改革委统计资料。

15. 全国粮油出口情况表（1992~2014 年）

单位：万吨

年 份	粮食	谷物				大豆	食用植物油	豆油	菜籽油
			小麦	大米	玉米				
1992	1390.8	1193.9	0.3	95.3	1034.0	0.0	6.4	0.4	5.3
1993	151.5	1.3	0.0	0.1	1.1	0.0	13.2	1.5	5.8
1994	1306.3	1087.7	10.7	151.9	874.0	0.0	26.7	7.3	16.1
1995	162.2	43.2	1.6	4.7	11.3	0.0	25.2	6.6	17.1
1996	134.9	67.6	0.0	26.5	15.9	0.0	30.8	12.7	17.4
1997	878.1	788.5	0.1	93.9	661.7	18.6	71.0	55.6	14.1
1998	939.0	860.7	0.6	373.7	468.6	17.0	27.0	18.6	7.3
1999	840.3	721.2	0.1	270.8	430.5	20.4	9.2	5.3	2.6
2000	1452.4	1359.4	18.8	294.8	1029.4	21.1	11.0	3.5	5.4
2001	991.2	875.6	71.3	185.9	600.0	24.8	13.5	6.0	5.4
2002	1619.6	1482.2	97.7	198.2	1167.5	27.6	9.7	4.7	1.8
2003	2354.6	2194.7	251.4	260.5	1640.1	26.7	6.0	1.1	0.5
2004	620.4	473.4	108.9	89.8	232.4	33.5	6.5	1.9	0.5
2005	1182.3	1013.7	60.5	67.4	864.2	39.6	22.5	6.3	3.1
2006	774.4	605.2	151.0	124.0	309.9	37.9	39.9	11.8	14.5
2007	1169.5	986.7	307.3	134.3	492.1	45.6	16.6	6.6	2.2
2008	378.9	181.2	31.0	97.2	27.3	46.5	24.8	13.4	0.7
2009	328.3	131.7	24.5	78.0	13.0	34.6	11.4	6.9	0.9
2010	275.1	119.9	27.7	62.2	12.7	16.4	9.2	5.9	0.4
2011	287.5	116.4	32.8	51.6	13.6	20.8	12.2	5.1	0.3
2012	276.6	96.0	28.5	27.9	25.7	32.0	10.0	6.5	0.7
2013	243.1	94.7	27.8	47.8	7.8	20.9	11.5	9.0	0.6
2014	211.4	70.9	19.0	41.9	2.0	20.7	13.4	10.0	0.7

数据来源：国家发展改革委统计资料。

后　记

经国家粮食局批准，在有关部门的大力支持下，《中国粮食发展报告》自 2004 年以来已连续出版 11 年，受到社会的普遍关注，得到了有关部门及社会各界的一致肯定。《2015 中国粮食发展报告》（以下简称《报告》）全面、客观地介绍了我国 2014 年粮食发展情况，针对当前粮食生产和流通领域的热点、难点问题进行对策研究，收录了较为完备的粮食行业统计资料。《报告》（包括附表）所有统计资料和数据均未包括我国香港、澳门特别行政区和台湾地区。

《报告》在编写过程中得到了国家发展改革委、农业部、国家统计局等有关部门的大力支持，参加《报告》编写工作的部门及单位有：国家发展改革委经贸司、农经司、价格司，农业部种植业管理司，国家统计局综合司、农村司，国家粮食局办公室、调控司、政策法规司、规划财务司、仓储与科技司、监督检查司、外事司、人事司，中国粮食研究培训中心、国家粮油信息中心、标准质量中心，中国粮食行业协会、中国粮油学会等。

在此，谨向在《报告》编写过程中给予大力支持的领导、专家和同志们表示衷心的感谢！《报告》如有不妥之处，敬请批评指正。

中国粮食研究培训中心

《中国粮食发展报告》编辑部

2015 年 10 月 16 日